심도 있게 편찬된
구역 및 대학·청년부 BEST G.B.S. 시리즈

BEST
로마서 I

묵상하는 사람들
프리셉트

서문

하나님의 말씀을 향한 뜨거운 열정을 가진 한국 교회 성도들을 위하여 쉼없이 달려온 프리셉트성경연구원은, 쉽고도 심도 있는 성경공부 교재 개발의 부르심에 따라 BEST G.B.S. 시리즈를 기획하여 출간하게 되었습니다.

BEST G.B.S.는 참여자들의 수준이 천차만별하고 그들이 처한 상황이 다양한 점을 고려하여, 다양한 포커스를 가진 도입글과 질문을 제시하였습니다. 뿐만 아니라 깊이 있는 질문을 다각도에서 나눌 수 있도록 선택 질문을 기획하여 묵상의 깊이를 더하였습니다.

한편, 프리셉트성경연구원은 한국 교회를 효과적으로 돕는 다양한 교재를 구역, 셀, 소그룹, 그리고 청년부의 조모임을 위해 많이 개발하고 있습니다. 그 종별의 특징은 다음과 같습니다.

Ⅰ. G.B.S. 교재의 종별 특징

1. High G.B.S. 시리즈

평신도 소그룹 중 성경공부를 장기간 진행해 온 분들에게 적합한 교재입니다. 프리셉트성경연구원의 고급 과정(PUP)에서 다루는 내용을 압축하여 정리한 내용으로서, 참여자들이 1시간 정도 예습해 올 수 있을 때에 효과적으로 진행할 수 있는 교재입니다.

2. BEST G.B.S. 시리즈

소그룹 참여자들의 신앙 수준이 다양한 점을 고려하여, 다양한 도입글과 질문을 제시하였습니다. BEST G.B.S.를 쉽고 편하게 진행하기를 원하면, 「더 깊은 연구와 묵상을 위하여」를 생략하고 다룰 수 있습니다.

3. 쉬운 G.B.S. 시리즈

이 교재는 질의응답식 내용을 통해 누구나 예습 없이 현장에서 쉽게 진행할 수 있도록 구성되었습니다.

4. 주제별 G.B.S. 시리즈

이 교재는 성경의 내용을 주제별로 다뤄서 해당 주제에 대해 성경적 세계관을 확립하는 데 큰 도움을 줍니다.

5. 하나님 마음에 합한 시리즈

이 교재는 신앙생활에 관한 16가지 주제를 소그룹용으로 편찬한 교재로서, 쉬운 G.B.S.에 비해 다루는 내용이 넓고 깊습니다.

6. 40분 G.B.S. 시리즈

이 교재는 미국 프리셉트 본부에서 기획된 교재로서, 약 40분 동안 활발한 토의식 성경공부를 진행할 수 있도록 구성된 편리하고 유용한 교재입니다.

7. 성품 G.B.S. 시리즈

이 교재는 성도들이 소그룹에서 끈기 있게 예수님의 성품을 배우도록 편찬되었습니다. 이 시리즈는 감사, 경건 등 성품이란 주제에 대하여 성경 본문을 집중적으로 연구하여 적용하도록 돕는 성품 변화에 통합된 자료입니다.

8. 기타

그 외에 수련회용, 주말 성경학교용, 청소년용, 제자훈련용 등 많은 교재가 준비되어 있습니다.

II. 인도자를 위한 안내

1. 시작 시간을 정확히 지키십시오.
2. 성령님께서 말씀의 비밀을 깨우쳐 주시도록 함께 기도하십시오.
3. 성경공부에 들어가기 전, 지난 주에 깨달은 말씀을 함께 나누면서 마음을 여는 시간을 가지십시오.
4. 인도자는 시작하는 질문을 던지면서 참여자들의 활발한 토론을 유도해 나가십시오. 질문을 할 때에는 교재에 주어진 문제에만 국한하지 말고 다른 보충 질문들을 준비하여 이끌어 가십시오.

5. 각 문제마다 적절한 시간을 안배하여 중점적으로 다룰 문제는 충분히 토의하고 지엽적인 문제는 간단히 진행하십시오.
6. 각 과를 인도한 후, 다음의 평가항목을 통해 스스로 자기 점검을 하십시오.
7. 인도자로서 좀 더 깊이 성경을 배우고자 하는 분들은 프리셉트 성경연구 과정에 참여하여 도움을 받기 바랍니다(문의: 02-588-2218).

Ⅲ. 평가항목

1. 보조 질문은 좋았는가?
   명확하고 간략했는가?
   본문에 충실했는가?
   본질적인 문제에 접근했는가?
   깊은 통찰과 적절한 적용을 이끌어 냈는가?
2. 참여자의 발표를 잘 유도하고 격려했는가?
3. 말을 너무 많이 하거나 적게 하지는 않았는가?
4. 준비를 충분히 하였는가?
5. 분문에서 벗어난 방향으로 토의가 진행되지는 않았는가?
6. 시간은 잘 지켰는가?

Ⅳ. 본 교재에 대하여

로마서는 바울이 로마 교회의 성도들에게 보낸 편지로 바울서신 중 가장 중요한 저작입니다. 로마 교회는 오순절에 베드로의 설교를 듣고 성령강림을 체험한 자들 중 로마로부터 온 디아스포라 유대인들(행 2:10)에 의해 세워졌습니다. 하지만 유대인 공동체 안에서 성도들과 일반 유대인들 간에 심각한 갈등이 발생했고, 글라우디오 황제는 유대인들을 로마에서 추방했습니다. 유대인들이 떠나버린 로마 교회에는 이방인들만 남았고 10여 년간 많은 이방 출신 회심자들이 유입되었습니다. 세월이 지나 유대인들이 하나둘씩 로마로 복귀하여 로마 교회는 이방인과 유대인이 공존하는 다문화적 교회가 되었습니다.

바울이 로마서를 쓸 당시 로마 교회에는 크게 3가지 갈등이 있었습니다. 첫째, 유대인과 이방인 간의 신학적 견해 차이가 있었습니다. 둘째, 음식을 먹는 문제에 대한 갈등이 있었습니다. 셋째, 율법에 대해 잘못된 생각을 가졌던 유대주의자들의 영향력이 증가되었습니다. 당시 바울은 재정적으로 극심한 어려움을 겪고 있는 예루살렘 교회를 위해 마케도니아와 아가야 교회들이 모은 구제헌금을 가지고 예루살렘으로 가던 중 고린도에서 로마서를 썼습니다. 그만큼 바울은 로마 교회와 로마서를 중요하게 생각했습니다.

바울이 바쁜 와중에도 로마 교회의 성도들에게 로마서를 쓴 3가지 이유가 있습니다. 첫째, 신학적인 이유입니다. 당시 로마 교회는 신학적으로 혼란에 빠졌습니다. 혈통적 유대주의자의 율법에 대한 잘못된 주장이 교회를 공격했습니다. 바울은 로마 교회에 그리스도의 복음을 바르게 설명하고자 했습니다. 둘째, 선교적인 이유입니다. 로마 교회를 로마 서쪽 선교의 전진기지로 삼을 예정이었기 때문에 비록 자신이 세운 교회는 아니지만 관계의 물꼬를 트려고 했을 것입니다. 셋째, 목회적인 이유입니다. 바울은 사도로서 로마 교회에 있었던 여러 가지 문제를 바로잡으려는 목회적 마인드로 로마 교회 안에 유대인과 이방인 간의 화합, 음식을 먹는 문제 등의 교회문제를 해결하는 데 목회적으로 도움을 주고자 로마서를 쓴 것입니다.

로마서는 크게 3부분으로 나눌 수 있습니다. 서론부: 하나님의 의와 하나님의 진노의 계시(1:1–3:20), 본론부: 하나님의 의의 계시에 대한 논증(3:21–11장), 결론부: 적용 부분(12–16장)입니다.

이 책을 공부하는 동안 여러분은 로마서를 이해하고 복음에 대한 어떠한 가르침도 해석할 수 있는 다림줄을 가지게 될 것입니다. 기독교 신앙의 헌장이라 불리는 로마서의 본문을 그 뜻이 분명해질 때까지 숙지하고 관찰하여, 복음을 수호할 준비가 되었는지 끊임없이 질문하십시오. BEST G.B.S. 로마서를 통해 로마서의 진리를 여러분의 삶 속에 어떻게 적용할 것인지 그 해답을 발견하시기 바랍니다.

프리셉트성경연구원

차례

01 하나님의 복음

본문 로마서 1:1–8

외울말씀 이 복음은 하나님이 선지자들을 통하여 그의 아들에 관하여 성경에 미리 약속하신 것이라 (2절)

도입을 위한 글

바울의 로마서 저술은 인류 역사상 주목할 만한 하나의 사건이었다. 아우구스티누스나 루터 혹은 웨슬리 같은 이들은 로마서로 인해 인생이 뒤바뀐 인물들이다. 하지만 로마서의 흡입력은 유명인들에게만 국한되지 않는다. 우리 주변의 평범한 신자들과의 대화를 통해서도 이 편지의 위력을 감지할 수 있다. 그래서인지 신학자들은 신학자들대로 로마서 주석에 골몰하고, 설교자들은 설교자들대로 로마서 강해에 매달린다. 물론 성도들도 그들 나름대로 로마서 공부에 여념이 없다. 왜 유독 로마서일까? 데살로니가전서를 읽고 인생이 뒤바뀌었다는 사람은 거의 없는데, 로마서는 그런 이야기들이 끝이 없다. 여러 가지 추측이 가능할 것이다. 하지만 그 위력의 첫 번째 원인으로는, 아무래도 로마서가 복음에 대해 가장 차근차근 설명하고 있다는 사실을 들어야 할 것이다.

– 권연경, 「로마서 산책」

도입을 위한 질문

❶ 여러분 주변에서 복음을 듣고 인생이 뒤바뀐 사람이 있다면 소개해보십시오.

❷ 여러분은 로마서를 묵상하면서 말씀의 능력을 느껴본 적이 있습니까?

본문 질문

❶ 바울은 로마 교회의 성도들에게 편지를 쓸 때, 자신을 누구라고 소개합니까?(1절)

* 택정(擇定, 1절): 이는 구약에 등장하는 선지자들의 소명에 연관지어 표현할 때 사용된 표현이다(렘 1:5; 사 49:1). 바울은 메시아를 예언한 선지자들과 예수 그리스도의 종인 자신을 연속선상에 놓고 있다.

❷ 바울은 자신이 전하는 복음을 누구의 복음이라고 합니까?(1절)

* 유앙겔리온(복음)은 당시 로마 황제의 등극 소식이나 후계자의 탄생 소식 등을 뜻하는 말이었다.

❸ 복음의 핵심은 하나님의 아들이신 예수 그리스도에 관한 것입니다. 그분은 어떤 분이십니까?(2-4절)

* 육신(3절): 이는 성육신에서 부활까지 땅에서의 활동을 의미한다.
* 영(4절): 이는 승천, 통치, 재림 등 하늘에서의 활동을 의미한다.

❹ 사도의 직분을 받은 바울은 자신이 어떤 일을 하는 자라고 합니까?(5절)

❺ 다음 글을 읽고 확신과 믿음과 순종의 상관관계에 대해 정리해 보십시오.

> 신학자이자 실존철학의 대가인 키에르케고르는 "그것이 진리(하나님 말씀)라면 난 목숨을 걸겠다"며 진리를 위해 독신으로 평생을 살았다. 마리아는 "성령으로 잉태하여 예수를 낳으리라"는 하나님의 고지를 받을 때 "여종이오니 말씀대로 이루소서"라고 말했다. 필자도 청년시절 마리아처럼 망설임 없이 직장을 버리고 주의 종이 되었다. 하나님의 말씀이라는 확신에서였다. 확신은 믿음을 낳고, 믿음은 순종을 가져온다. "또 내 이름을 위하여 집이나 형제나 자매나 부모나 자식이나 전토를 버린 자마다 여러 배를 받고 또 영생을 상속하리라"(마 19:29). – 고훈, 「국민일보 겨자씨」

❻ 로마 교회의 성도들은 어떤 자들입니까?(6절)

❼ 바울은 로마 교회의 성도들에게 어떤 축복을 합니까?(7절)

❽ 바울은 로마 교회의 성도들의 무엇에 감사합니까?(8절)

더 깊은 연구와 묵상을 위하여

❶ "믿어 순종하게"(5절)라는 말씀은 믿음과 순종이 분리될 수 없다는 뜻입니다. 여러분은 믿음은 있는데 순종하기 어려웠던 경우가 있습니까?

❷ 바울은 로마 교회의 성도들에게 또다시 복음을 전합니다. 여러분은 성도들이 복음을 반복해서 들을 필요가 있다고 생각합니까?

적용을 위한 글

바울은 로마서의 인사말에서 자신이 전하는 복음에 대해 소개하고, 자신이 그 복음을 전하는 사도로 사역하고 있다고 소개했다. 그는 복음의 핵심이 예수 그리스도이시며, 그분은 구약에서 약속된 하나님의 아들이고 성육신 · 고난 · 부활 · 승천을 통해 하늘 보좌에서 온 세상을 통치하신다고 설명했다. 또한 바울은 로마 교회의 성도들 역시 이 복음을 믿는 자라는 정체성을 일깨워 주면서 자신과의 동질감을 확인하려 했다.

적용 및 결단을 위한 질문

❶ 여러분은 하나님의 복음을 받아들인 후 회개했습니까?

❷ 여러분은 예수 그리스도의 왕권(Kingship)과 주되심(Lordship)을 인정하고, 그 안에 머무르고 있습니까?

02 복음에 대한 열정

본문 로마서 1:9-17

외울말씀 복음에는 하나님의 의가 나타나서 믿음으로 믿음에 이르게 하나니 기록된 바 오직 의인은 믿음으로 말미암아 살리라 함과 같으니라 (17절)

도입을 위한 글

1703년 6월 28일 영국 엡워스(Epworth)에서 한 아기가 태어났다. 그의 아버지는 사무엘 웨슬레였고, 어머니는 수산나였다. 그는 19명의 자녀들 가운데 15번째로 태어났다. 그는 매일 새벽 4시에 일어나 기도를 했다. 그리고 50년간 말을 타고 영국 전 지역을 다니며 복음을 전했다. 또한 그는 200권 이상의 책을 저술했고, 80세 때에도 "나는 25세의 건강을 느낀다"고 말했다. 그는 1791년 2월 23일 마지막 설교를 하고 일주일 후인 3월 2일에 하나님의 부르심을 받았다. 그는 "하나님이 나와 함께하신다"는 뜨거운 신앙고백을 했다. 18세기의 영국은 온갖 부패와 죄와 타락으로 죽어가고 있었다. 하지만 몰락하는 영국을 '영적 대각성 운동'을 통해 다시 살려낸 복음전도자가 있었다. 그가 바로 요한 웨슬레다. 그는 실로 위대한 열정을 가진 하나님의 사람이었다.

– 김학규

도입을 위한 질문

❶ 특정한 목표에 열정을 갖고 임하는 사람은 어떤 모습입니까?

❷ 여러분은 요즘 무엇에 열정이 있습니까?

본문 질문

❶ 로마 교회를 사랑한 바울은 로마 교회를 위해서 무엇을 합니까?(9절)

❷ 바울이 로마 교회를 간절하게 심방하려고 했던 2가지 목적은 무엇입니까?
(11, 13절)

❸ '복음의 빚진 자'라는 의식이 있던 바울은 항상 무엇을 열망했습니까?(14-15절)

❹ 바울은 복음에 어떤 능력이 있기 때문에 부끄러워하지 않는다고 말합니까? (16절)

❺ 다음 글을 읽고 복음을 전하는 일꾼이 반드시 전해야 할 것이 무엇인지 정리해 보십시오.

> 하나님의 일꾼은 자신을 바보처럼 느끼게 만드는 사람들을 종종 만난다. 그들 중에는 내적 · 외적 생활이 아주 훌륭한 사람들도 있다. 그들은 우리로 하여금 꼼짝 못하게 만드는 질문을 해댄다. 예를 들어, "예수 그리스도께서 이 땅에 사셨고 죽으셨다가 다시 살아나셨다. 이것은 사람들을 그들의 죄에서 구원하시고 하나님과 바른 관계에 있게 하기 위함이다"라고 우리가 그들에게 말할 때가 있다. 그러면 그들은 "예수 그리스도가 나를 위해 죽은 것이 무슨 소용인가? 나는 아무런 문제가 없어. 나는 내가 할 일을 정확하게 다 하고 있어. 나는 죄인이 아니야. 왜 예수 그리스도가 나를 위해 죽어야 해?"라며 되묻곤 한다. 이럴 때 우리가 기억해야 할 사실은 우리 자신이 애지중지하는 이론이 아니라 그리스도를 전해야 한다는 것이다. 우리의 이론이 제아무리 옳고 중요하며 주님의 사역에 근거하여 나온 것이라 할지라도 그것은 우리가 제시할 내용이 아니다. 우리가 제시할 대상은 예수 그리스도뿐이다.
>
> – 오스왈드 챔버스, 「일꾼」

❻ 바울은 복음에 무엇이 나타났다고 말합니까?(17절)

* 의(17절): 이는 철저히 언약적 개념이다. 언약의 의무와 책임을 다할 때 의롭다는 표현을 쓴다. 하나님께서는 예수님을 통해 언약의 의무와 책임을 신실하게 행하셨다. 복음은 이것을 증명한다.

❼ 하나님의 의의 능력과 복음의 능력(롬 1:5)을 누리려면 우리는 어떻게 반응해야 합니까?(17절)

* 믿음(17절): 이는 신실함과 같은 말이다. 하나님에 대한 언약적 의무를 신실하게 이행하는 것이 믿음이다.

❽ 바울은 하박국 2:4을 인용하면서 하나님의 의와 인간의 믿음에 대해서 설명합니다. 의인은 하나님의 의에 대해 어떻게 반응하는 사람입니까?(17절)

더 깊은 연구와 묵상을 위하여

❶ 하박국 2:4에서 하박국이 말하는 믿음은 어떤 믿음인지 연구해 보십시오.

❷ 믿음이란 복음의 내용에 대해서 단순히 머리로만 동의하는 것입니까, 아니면 복음을 통해 증명된 하나님의 의에 대해서 신실하게 반응하는 것입니까?

적용을 위한 글

로마서 1:17은 그동안 수많은 논란이 되었던 말씀이다. 하나님의 의를 법정적 · 칭의적 측면으로만 정의하면 많은 문제가 발생한다. 오히려 구약에서 사용된 하나님의 의는 쌍방 간에 맺은 언약을 신실하게 지킬 때에 이루어진다. 하나님의 의는 하나님의 신실하심과 능력을 말한다. '의인은 믿음으로 말미암아 산다'는 것은, 먼저 하나님의 신실하심이 있고 그 안에서 우리들이 신실하게 반응할 때에 누리게 된다.

적용 및 결단을 위한 질문

❶ 여러분은 기도와 심방을 통해서 다른 성도들을 사랑하고 있습니까?

❷ 여러분은 복음에 대한 열망과 열정을 회복하려면 무엇을 해야 한다고 생각합니까?

03 하나님의 진노

본문 로마서 1:18-32

외울말씀 그러므로 하나님께서 그들을 마음의 정욕대로 더러움에 내버려 두사 그들의 몸을 서로 욕되게 하게 하셨으니 (24절)

도입을 위한 글

독일의 무신론 철학자 잉거솔(Ingersoll)은 어느 강연에서든지 하나님이 없다고 주장했다. 그날도 그는 여느 때와 같이 무신론 강연을 하고 있었다. 강연이 절정에 이르자, 그는 하나님을 향해 도전장을 냈다. "하나님이여, 나는 지금부터 5분 동안 당신을 저주할 것이오. 만약 당신이 살아있다면 나를 저주하고 형벌을 내리시오." 그리고 그는 5분 동안 입에 담을 수 없는 욕설로 하나님을 저주했다. 그 후 자신에게 아무런 변화도 일어나지 않자 그는 더욱 의기양양해졌다. 그때 강연장 뒤편에 있던 한 노인이 앞으로 나왔다. 그리고 단호한 목소리로 말했다. "나는 하나님이 계심을 믿는 그리스도인이오. 오늘 당신은 하나님이 존재하지 않는다는 사실을 입증한 것이 아니오. 단지 당신이 하나님과 아무 상관이 없다는 사실을 많은 사람 앞에서 증명했을 뿐이오. 내가 믿고 경험한 하나님은 내가 그분을 거스를 때 책망하시고 때로는 징계까지 하셨소. 하나님은 당신의 자녀를 그냥 버려두지 않으시기 때문이오. 그런데 오늘 하나님은 당신에게 침묵하셨소. 그것은 곧 당신이 버림받은 사람이라는 사실을 입증한 것이오."

– 이동원

도입을 위한 질문

❶ 여러분은 하나님이 잉거솔(Ingersoll)의 강연에 침묵하신 이유가 무엇이라고 생각합니까?

❷ 여러분은 하나님의 심판을 생각할 때 어떤 이미지가 떠오릅니까?

본문 질문

❶ 하나님은 불의한 사람들에게 무엇을 나타내십니까?(18절)

❷ 인간이 하나님은 보이지 않아서 섬길 수 없다고 말할 수 없는 이유는 무엇입니까?(19-20절)

– 19절: 하나님을 알 만한 것이 그들 ( )에 보임이라

– 20절: 그가 만드신 ( )에 분명히 보여 알려졌나니

❸ 스스로 지혜 있다고 생각하는 인간들의 생각과 마음은 어떤 상태입니까?(21-22절)

❹ 피조물인 인간은 위로 하나님을 섬기고 아래로 다른 피조물을 다스리는 위치에 있었습니다. 하지만 인간은 그 자리(질서)를 어떻게 바꾸어 놓았습니까? (23, 25절)

* 아무리 윤리적으로 산다고 해도 하나님의 질서대로 살지 않으면 그것은 '죄'이다.

❺ 다음 글을 읽고 스스로 지혜롭다고 생각하는 사람들의 특징에 대해 정리해 보십시오.

> 내가 어렸을 때, 교회 어른들을 보면 정말 이해하기 어려웠던 점이 있었다. 그것은 바로 주일 예배 때마다 "말할 수 없는 이 죄인을 위하여 십자가 지신 예수님의 은혜에 감사합니다"라고 하시던 장로님이 자신의 기도와는 달리 너무 자주 화를 내는 것이었다. 많은 그리스도인들이 스스로를 속이고 있다. 그것은 예수님이 자기 죄 때문에 십자가에 못 박히신 것을 믿는다면서 자기 주위에 나쁜 사람들이 참 많다고 생각하는 것이다. 하지만 정말 자신이 예수님을 십자가에 못 박은 죄인임을 아는 사람은 결코 남을 판단하고 정죄할 수 없다. 세상에 자신보다 더 악질인 죄인이 어디에 있단 말인가? 가장 큰 죄는 '자기 의(義)'다. 도둑질이나 간음과 같은 죄는 너무 부끄러운 죄이지만 적어도 양심의 가책은 느낀다. 그러나 자기 의(義)에 사로잡힌 사람은 양심의 가책도 없다. 십자가는 '자신이 얼마나 큰 죄인인가.'를 깨닫게 하시는 하나님의 능력이다.
>
> – 유기성, 「국민일보 겨자씨」

❻ 하나님은 불의한 인간에 대한 진노를 어떻게 표현하십니까?(24, 26, 28절)

* 내버려 두사(24절): 이는 지배소유권을 양도하는 것을 의미한다. 신학적 용어로는 '유기'(遺棄)라고 한다. 하나님과 단절된 상태 그대로 버려두는 것 자체가 하나님 진노의 표현이다.

❼ 하나님을 무시한 인간들의 삶은 어떠합니까?(24, 26-27, 29-31절)

* 하나님의 내버려 두심(유기) 상태에 있는 인간은 악의 순환 고리 속에서 더 깊은 무질서 가운데로 나아가게 된다.

❽ 인간들은 이같은 일을 행하면 결국 사형에 해당한다는 것을 알고도 계속 어떻게 행동합니까?(32절)

* 사형(32절): 이는 '죽음, 사망'이라는 뜻이다.
* 정하심(32절): 이는 '하나님이 세우신 규칙'이라는 의미이다.

더 깊은 연구와 묵상을 위하여

❶ 시편 19:1-5을 읽으면서 인간과 만물을 통해 창조주 하나님을 알게 될 때, 여러분은 어떻게 반응해야 하는지 연구해 보십시오.

❷ 로마서 1:24-27을 읽고, '동성애'에 대한 성경의 입장을 확실하게 정리해 보십시오.

적용을 위한 글

대부분의 사람들은 하나님의 심판을 생각할 때 하늘에서 유황불이 내려와 모든 것을 다 없애버리는 것을 상상한다. 하지만 가장 무서운 하나님의 심판은 '내버려 두는 것'이다. '하나님의 유기(遺棄)'는 하나님의 진노 중에 진노이다. 죄악의 악순환의 늪에서 허우적거리도록 방치하는 것이 하나님의 심판인 것이다. 이때 하나님은 그 사람이 더러움과 욕심과 상실한 마음속에서 영원히 살도록 내버려 두신다. 이와 반대로 '구원'이란, 인간이 하나님의 손에 의해 심판의 악순환으로부터 자유하게 되는 것을 의미한다.

적용 및 결단을 위한 질문

❶ 여러분은 하나님의 원리대로 하나님을 섬기고, 하나님의 질서대로 만물을 다스리며 살아가고 있습니까?

❷ 여러분은 여러분을 진노 가운데 내버려 두지 않고 구원해주신 하나님께 감사하고 있습니까?

04 하나님의 판단과 심판

본문 로마서 2:1-11

외울말씀 이는 하나님께서 외모로 사람을 취하지 아니하심이라 (11절)

도입을 위한 글

세상의 지식을 쌓아서 다른 이들에게 지혜롭다고 평가받는 사람들이 사실은 가장 어리석은 사람들이다. 그들은 하나님의 전지전능하심과 심판을 믿지 않기 때문이다. 하나님은 사람들이 악을 행하는 모습을 모두 보고 계신다. 그러나 많은 사람들이 그것을 깨닫지 못하고 온갖 악을 행하며 살고 있다. 이는 그들이 하나님을 잘 모르기 때문이다. 전지전능하신 하나님은 거룩하신 눈으로 인생을 주목하시고 심판을 예비하신다. 가장 지혜로운 사람은 주의 법을 알고 주의 교훈으로 가르침 받기를 즐거워하는 사람이다. 그런 사람은 도덕적인 잣대가 분명하여 원칙을 준수하며 양심의 법을 어기지 않으려고 노력한다. 하나님은 이런 사람들의 양심의 깊은 곳에 평안을 주신다. 지혜로운 사람에게도 환난의 위기는 있다. 그러나 이런 시간이야말로 시험의 때인 줄 알고 타협하지 말아야 한다. 그러면 주님이 여러분의 발을 붙드시며 주님의 위로가 여러분의 영혼에 충만할 것이다. 의를 행하여 고독하거든 영혼의 산성이자 피할 바위이신 주님의 그늘 아래 머물러 쉬어야 한다. 지혜로운 사람의 도움은 오직 여호와 한 분뿐이다. — 이동원, 「시편 묵상」

도입을 위한 질문

❶ 하나님이 여러분의 탄생부터 지금까지 여러분에 대한 모든 것을 알고 계심을 믿습니까?

❷ 여러분이 오늘 하나님의 심판대 앞에 서게 된다면 어떤 선고를 받을 것 같습니까?

본문 질문

❶ 로마서 2장에 등장하는 "너"는 유대인들을 지칭합니다. 유대인들은 "남"에게 어떻게 행동합니까?(1절)

* 남(1절): 이는 '이방인들'을 말한다. 유대인들은 이방인들을 불결하다고 생각했고 그들에게만 죄가 있다고 생각했다.

❷ "이런 일"(2-3절)이란, 로마서 1:18-32에 나오는 하나님을 떠난 사람들의 행동을 말합니다. 결국 그런 사람들에게는 어떤 일이 일어납니까?(2절)

❸ 유대인들은 이방인들이 "이런 일"(2–3절)을 한다고 정죄합니다. 하지만 유대인들 역시 어떻게 행동합니까?(1, 3절)

– 1절: 판단하는 네가 ( )을 행함이니라

– 3절: 판단하고도 ( )을 행하는 사람아

❹ 유대인들은 하나님의 인자하심과 용납하심과 참으심을 멸시합니다. 고집을 부리며 회개하지 않는 유대인들은 결국 무엇을 쌓는 것입니까?(4–5절)

* 하나님의 진노는, 로마서 1:18–32과 같은 '현재적 진노'(유기)와 로마서 2:5과 같이 재림 때 완전하고 선명하게 나타날 '미래적 진노'가 있다.

❺ 다음 글을 읽고 잘못된 선민의식을 가지고 있는 사람들에 대해 정리해 보십시오.

안타깝게도 오늘날 '하나님의 부르심'에 응답하는 이들은 별로 없다. 많은 사람들은 자신의 팔자타령과 함께 무례한 사람들을 정죄하면서 인생을 허비한다. 오늘 자신이 당한 일은 우연일 뿐이며, 그러한 사건들이 하나님의 부르심이라고는 생각하지 않는다. 많은 사람들이 자신의 배우자와 자녀들 때문에 자신의 인생이 얼마나 힘들어졌는지를 호소한다. 그리고 자신을 불쌍히 여긴다. 그리고 그것에 동조해줄 사람을 찾는다. 하지만 그럴수록 상황은 더 나빠진다. 문제가 그것에 있음을 보지 못하기에, 상황은 더욱 악화될 수밖에 없다. 기도를 많이 하고 신앙생활에 열심인 사람일수록 자기 의(義)에 빠져 있고 잘못된 선민의식(選民意識)이 있다. 그들은 문제가 자신에게 있음을 인정하지 않는다.

– 정원

❻ 참고 선을 행하여 영광과 존귀와 썩지 아니함을 구하는 자에게 무엇이 주어집니까?(7, 10절)

* 영광과 존귀와 평강(10절): 이는 구약에서 구원받은 언약 백성들에게 주어지는 축복을 말한다.

❼ 불의를 따르는 자에게는 어떤 일이 일어납니까?(8-9절)

* 오직(8절): 이는 '그러나'로 해석된다.

❽ 하나님은 각 사람이 행한 대로 보응하십니다(6절). 하나님이 사람을 취하실 때, 그 기준에서 제외하는 것은 무엇입니까?(11절)

* 이는 유대인이나 헬라인과 같은 민족적 신분이나, 할례와 무할례의 신학적 배경 등을 보지 않으신다는 의미이다.

더 깊은 연구와 묵상을 위하여

❶ 하나님께서는 언제나 인내하시고 오래 참으시지만 판단조차 멈추시는 것은 아닙니다. 당신은 하나님이 당신의 모든 삶을 지켜보고 계신다는 사실을 의식하며 살고 있습니까?

❷ 유대인들은 자신들이 아브라함의 자손이기 때문에 당연히 하나님의 진노를 피하고 구원을 받았다고 생각합니다. 이는 유대교식 구원의 확신입니다. 여러분이 성경을 통해 배운 기독교식 구원의 확신과 비교해보십시오.

적용을 위한 글

유대인들은 자가당착(自家撞着)에 빠져 있었다. 자신들은 이방인들과 다르다는 고매한 선민의식(選民意識)이 있었다. 자신들은 율법을 가졌고, 할례를 받은 아브라함의 자손이라는 사실 하나만 믿었다. 이런 이유로 이방인들과 자신들은 다르다고 생각했다. 하지만 바울은 하나님이 인간을 보실 때는 유대인이나 이방인이나 다를 게 없다고 했다. 왜냐하면 하나님은 모든 사람을 판단하실 때 그들의 외모나 배경이 아닌, 삶을 보시기 때문이다.

적용 및 결단을 위한 질문

❶ 여러분은 하나님을 알지 못하는 사람들의 불경건함을 판단하면서 정작 자신의 불의한 행동에는 관대하지 않습니까?

❷ 여러분은 하나님께서 각 사람의 행함에 따라 공정하고 의롭게 판단하신다는 사실을 압니까?

05 율법과 할례는 면죄부가 아니다

본문 로마서 2:12-29

외울말씀 오직 이면적 유대인이 유대인이며 할례는 마음에 할지니 영에 있고 율법 조문에 있지 아니한 것이라 그 칭찬이 사람에게서가 아니요 다만 하나님에게서니라 (29절)

도입을 위한 글

전철을 타고 등교하던 어느 날 아침, 두 청년이 전철 좌석에 앉아 성경을 읽는 모습을 보았다. 나는 속으로 '모든 그리스도인이 저런 모습이었으면 좋겠다'는 생각에 흐뭇하게 바라보았다. 그들이 나누는 이야기를 가만히 들으니, 참 순수한 신앙을 가진 것 같았다. 그때 할아버지 몇 분이 전철에 타셨다. 그런데 청년들은 자신들의 신앙 이야기에만 열중하고 어르신들이 자리를 찾는 모습에는 관심이 없었다. 그들이 성경을 들고 있는 모습이 오히려 부끄럽게 느껴졌다. 그것이 오늘날의 그리스도인의 모습을 단적으로 보여주는 것 같아 많이 부끄러웠고 한편으로는 안타까웠다. 하나님의 말씀을 실천하는 것은 이웃을 향한 생활 속 작은 배려에서부터 시작된다. – 민관영

도입을 위한 질문

❶ 여러분은 성경공부를 하는 이유가 무엇이라고 생각합니까?

❷ 여러분은 여러분의 삶에서 말씀을 구체적으로 실천하고 있습니까?

본문 질문

❶ 당시 유대인들은 회당에서 선포되는 율법 낭독을 듣는 것만으로도 의인이 되고 하나님의 심판을 피할 수 있다고 생각했습니다. 하지만 바울은 이에 대해 무엇이라고 말합니까?(12–13절)

❷ 율법 없는 이방인들은 무엇으로 심판을 받습니까?(14–16절)

* 예수님이 재림하시는 날은 최후 심판의 날이다. 이때, 유대인이든 이방인이든 각 사람의 은밀한 것이 모두 드러날 것이다.

– 14절: (   )으로 율법의 일을 행할 때에는

– 15절: 이런 이들은 그 (   )이 증거가 되어 그 (   )들이

❸ 로마서 2:17-20의 핵심적인 표현은 "…이라고 스스로 믿으니"(20b)입니다. 유대인들은 자신들을 어떤 사람이라고 믿었는지 아래의 표를 통해 정리해 보십시오.

정체성(17-18절)	5중 목록(19-20절)
(　　　　)이라 불리는 사람	(　　　　)의 길을 인도하는 사람
(　　　　)을 의지하는 사람	(　　　　)에 있는 자의 빛이 되는 사람
하나님을 자랑하는 사람	율법에 있는 지식과 진리의 모본을 가진 사람
율법의 교훈을 받아 하나님의 뜻을 아는 사람	어리석은 자의 (　　　　)가 되는 사람
지극히 선한 것을 (　　　　)하는 사람	어린 아이의 선생이 되는 사람

❹ 바울은 유대인을 향해 다섯 가지 질문을 합니다(21-23절). 바울은 율법을 소유한 자신들을 대단하게 여기는 그들을 어떤 사람이라 말합니까?(23절)

* 바울은 율법을 범하는 유대인들 때문에 하나님의 이름이 이방인 중에서 모독을 받는다고 비판했다(24절).

❺ 다음 글을 읽고 말씀을 잘못 적용하는 사람들의 특징을 정리해 보십시오.

> 내가 맨 처음 목회를 시작한 곳은 경기도의 작은 시골 교회였다. 어느 주일에 나는 '사람들이 어떻게 하나님의 영생을 체험할 수 있을 것인가'에 대해 설교했다. 그러면서 구하고 찾고 문을 두드리면 반드시 주님이 영원한 생명을 주시는 감격스러운 체험을 하게 될 것이라는 결론을 맺었다. 예배가 끝나고 한 청년이 설교에 은혜를 많이 받았다며 이렇게 이야기했다. "전도사님의 설교 마지막 부분에 구하고 찾고 문을 두드리고 기도하면 된다는 말씀이 저에게 큰 격려가 되었습니다. 이제 말씀대로 전도사님이 저희 집에 오셔서 아파서 죽어가는 돼지를 위해 안수기도를 해주시면 좋겠습니다." 그 청년은 구하고 찾고 문을 두드린다는 말을, 안수기도를 받으면 모든 일이 다 해결된다는 뜻으로 받아들인 것이다. 그 청년의 말에 큰 허탈감을 느꼈던 기억이 있다.
>
> – 이동원, 「짧은 이야기 긴 감동」

❻ 할례를 받은 유대인이라도 율법을 범하면, 그 할례는 어떻게 됩니까? 또한 할례를 받지 않은 이방인이라도 율법의 규례를 지키면, 그 무할례는 어떻게 됩니까?(25–26절)

❼ 결국 율법 조문과 할례를 가지고 율법을 범하는 자는 어떻게 됩니까?(27절)

❽ 진정한 유대인(하나님의 백성)은 어떤 사람입니까?(28-29절)

더 깊은 연구와 묵상을 위하여

❶ 여러분은 하나님이 주신 '회개'의 통로를 자신의 악행을 덮는 구실로 여기는 것이 성경적이라고 생각합니까?

❷ 오늘날 말씀을 떠난 교회와 말씀대로 살지 않는 성도들로 인해 세상 사람들이 하나님을 비방하는 현상이 일어나고 있습니다. 몇 가지 예를 들어보십시오.

적용을 위한 글

유대인들에게 율법과 할례는 하나님이 주신 놀라운 특권이었다. 그들은 그것에 감사하며 마땅히 하나님의 말씀대로 살아야 했다. 하지만 유대인들은 그 특권을 심판을 면하게 해주는 '면죄부'로 여겼다. 말씀대로 사는 순종은 없고 우월감만 가득했던 것이다. 바울은 로마서를 통해 이런 유대인들을 책망했다. 그는 율법을 가지고 있어도 그것을 행하지 않으면 아무런 소용이 없고, 할례를 받았어도 율법의 규례를 지키지 않으면 무할례자와 다를 것이 없다고 말한다. 이것은 당시 유대인들의 고정관념을 뒤집는 혁명적인 사상이었다.

적용 및 결단을 위한 질문

❶ 여러분은 마음의 세례를 받았습니까?

❷ 여러분은 말씀묵상과 성경공부의 목적이 '말씀대로 사는 삶'에 있음을 알며 실천하고 있습니까?

06 하나님은 신실하시다

본문 로마서 3:1-8

외울말씀 결코 그렇지 아니하니라 만일 그러하면 하나님께서 어찌 세상을 심판하시리요 (6절)

도입을 위한 글

유대인은 세상의 빛이 되어 하나님의 모든 피조물을 위해 그분의 메시지를 맡으라는 사명을 받았다. 유대인에게는 그 메시지를 전달해야 할 의무가 있었다. 그들은 맡겨진 일을 수행하여 하나님을 세상에 드러내야 했지만 실패했다. 그들은 그 메시지를 단순히 자기 민족을 위한 특권으로 여겼다. 이는 마치 우편 배달부가 우편물을 자랑하면서 배달을 거부하는 것과 같았다. 성경에 등장하는 탕자처럼 자신에게 맡겨진 귀중품을 팔아 그 돈을 낭비해버린 사람들이 있었다. 메신저의 사명은 단 하나, '지시받은 대로 메시지를 전달하는 것'이다. 메신저로서의 자신의 모습이 높은 지위에라도 오른 것처럼 멋있어 보일지도 모른다. 그러나 자신의 임무를 수행하지 않는다면 그런 행동은 이상하게 보일 것이다. 자신은 물론, 동료 유대인들에 대한 바울의 일침은 이스라엘의 옛 예언자들의 말과 정확하게 일맥상통(一脈相通)한다. 이스라엘은 믿지 못할 무익한 메신저였다.

– 톰 라이트, 「모든 사람을 위한 로마서 I」

도입을 위한 질문

❶ 여러분은 우편 배달부의 책임과 의무가 무엇이라고 생각합니까?

❷ 여러분은 하나님이 어떠한 상황에서도 공정하심을 믿습니까?

본문 질문

❶ 하나님은 유대인에게 무엇을 맡기셨습니까?(1–2절)

* 말씀(2절): 이는 하나님이 유대인에게 맡겨주신 '메시지'를 뜻한다.

❷ 유대인 중에 어떤 자들은 하나님의 말씀을 믿지 않았습니다. 그렇다면 하나님이 유대인들을 통해 이루고자 하셨던 계획은 실패한 것입니까?(3–4절)

* 믿지 아니하였으면(3절): 이는 말씀을 받고도 지키지 않았다는 뜻이다.

– 4절: (   ) 없느니라

❸ 사람은 다 거짓되지만, 오직 하나님은 어떤 분이십니까?(3–4절)

* 미쁘심(3절), 참되시다(4절): 이는 모두 '신실하다'라는 의미이다.

❹ 어떤 자들은 사람의 불의가 하나님의 의를 드러나게 했기 때문에, 하나님이 진노를 내리시는 것은 잘못된 것이라고 주장합니다. 이에 바울은 무엇이라 대답합니까?(5-6절)

❺ 다음 글을 읽고 죄를 합리화하는 사람들의 특징에 대해 정리해 보십시오.

> 1931년 5월 미국 뉴욕에서 크라울리(Crowley)라는 살인범이 경찰에 체포된 사건이 발생했다. 그는 지나가던 사람이 실수로 자신의 모자를 건드리기라도 하면 그를 총으로 쏠 정도로 잔인했다. 지나가는 사람뿐 아니라 신분증을 제시하라는 경찰까지도 죽이는 등 무고한 사람들을 수없이 살해했다. 그런데 놀라운 사실은 그렇게 많은 사람을 죽이면서도 그는 단 한 번도 죄책감을 느끼지 않았고, 오히려 자신이 정당하다고 생각했다는 것이다. 그는 체포되어 사형선고를 받은 후 전기의자에 앉은 마지막 순간에 이르러서야 마침내 이렇게 고백했다. "오늘 나의 삶이 비참하게 사형으로 끝나는 것은 내가 나의 죄를 끝까지 합리화하려 했기 때문입니다."

❻ 하나님은 사람에게 고소를 당할 만큼 불의한 분이 아닙니다. 하나님은 세상을 어떻게 하시는 분입니까?(6절)

❼ 유대인들은 바울을 거짓말쟁이라고 비방하며 조롱했습니다. 바울은 이런 비방을 이용하여 그들에게 어떻게 질문합니까?(7절)

* 유대인들의 논리대로라면, 거짓말쟁이 바울도 하나님의 참되심을 풍성하게 하고 하나님의 영광이 되었기에 심판을 받지 않게 된다.

❽ 바울은 그들(유대 방종주의자)에 대해서 어떤 결론을 내립니까?(8절)

– 8절: 그들은 (　　　　　　　　) 받는 것이 마땅하니라

더 깊은 연구와 묵상을 위하여

❶ 여러분은 선이 빛나려면 악이 있어야 하고, 하나님이 의로워지려면 불의한 사람이 필요하다는 궤변(詭辯)으로 하나님을 반박하는 사람들에 대해 어떻게 생각합니까?

❷ 하나님의 말씀을 맡았지만 믿지 않아서 하나님의 진노를 받았다면, 이것이 오늘날 복음을 맡은 그리스도인들에게도 해당하는 말씀이라고 생각하지 않습니까?

적용을 위한 글

하나님은 유대인들에게 하나님의 메시지를 맡기셨다. 하지만 유대인들은 그 메시지를 선용하지 않고 오히려 이방인들을 정죄하는 도구로 악용하였다. 그래서 하나님은 유대인들에게 하나님의 진노를 내리셨다. 그리고 예수 그리스도와 그분 안에 거하는 모든 백성들에게 하나님의 메시지를 맡기셨다. 이 세상을 새롭게 창조하시는 하나님의 계획은 앞으로도 신실하게 이루어질 것이다. 여러분이 신실하지 않다고 해서 하나님도 여러분과 동일할 것이라고 생각해서는 안 된다.

적용 및 결단을 위한 질문

❶ 여러분에게 하나님이 주신 특권과 혜택은 무엇입니까? 여러분은 그것을 하나님의 뜻에 맞게 잘 사용하고 있는지 함께 나누어 보십시오.

❷ 사람은 다 거짓되지만, 오직 하나님만이 참되신 세상의 심판자라는 사실을 인정합니까?

07 다 죄 아래 있다

| 본문 로마서 3:9-20

| 외울말씀 그러면 어떠하냐 우리는 나으냐 결코 아니라 유대인이나 헬라인이나 다 죄 아래에 있다고 우리가 이미 선언하였느니라 (9절)

도입을 위한 글

네 명의 친구들이 있었다. 그들은 함께 신앙생활을 하면서 성경공부를 했다. 어느 날, 그들은 야고보서를 공부하던 중에 "그러므로 너희 죄를 서로 고백하며"(약 5:16)라는 말씀에 감동을 받았다. 그래서 그들은 자신의 약점에 대하여 서로 솔직하게 고백하기로 했다. 먼저 한 사람이 자기의 약점을 고백했다. "나는 교회에 다니긴 하지만 담배를 끊을 수가 없어서 교회에 갈 때에는 담배 피우고 나서 입을 닦고 간다네." 두 번째 사람도 고백했다. "나는 자꾸만 거짓말이 입에서 나도 모르게 튀어나온다네. 나도 어쩔 수가 없어." 세 번째 사람도 고백했다. "나는 아직 도벽을 버리지 못했어. 남의 물건만 보면 자꾸만 손이 간다네." 그런데 이야기를 다 듣고 있던 네 번째 사람은 전혀 말을 하지 않았다. 다른 친구들이 그에게 고백할 것을 재촉하자, 그는 한참 후에 이러한 고백을 했다. "실은 난 남의 약점을 알기만 하면 그것을 말하고 다니는 것이 내 약점이라네."

도입을 위한 질문

❶ 여러분은 여러분이 의인이라고 생각합니까, 아니면 죄인이라고 생각합니까?

❷ 여러분은 인간이 스스로 자신을 구원할 수 있다고 생각하는, 소위 자력구원적인 종교들에 대해 어떻게 생각합니까?

본문 질문

❶ 본문 9절은 로마서 1:18-3:8의 결론입니다. 사도 바울은 유대인이나 헬라인이나 다 어디 아래 있다고 말합니까?(9절)

* 죄(9절): 이는 '윤리적으로 못된 행동'이 아닌, 생명력을 지닌 '무질서와 혼돈의 세력'을 말한다.

❷ 사도 바울은 구약성경을 인용하면서 모든 인간이 죄 아래 있음을 입증했습니다. 본문 10절은 전도서 7:20을 인용한 것으로, 세상에는 어떤 사람이 없다고 합니까?(10절)

❸ 죄 아래 있는 인간은 정신 및 사상적인 측면에서 어떤 상태에 있습니까?(11-12절)

* 이는 시편 14:1-3을 인용한 것이다.

❹ 죄 아래 있는 인간은 어떤 말와 행동을 일삼습니까?(13-17절)

* 이는 시편 5:9, 10:7, 59:7, 140:3을 인용한 것이다.

❺ 다음 글을 읽고 전적으로 타락한 인간의 모습에 대해 정리해 보십시오.

"힘 있는 대로 일하고, 필요한 대로 나눈다." 이것은 어찌 보면 매우 좋은 생각 같다. 사람들이 이런 생각에 매료될 만하다. 그러나 현실은 전혀 다를 수 있다. 힘 있는 대로 일하고 필요한 대로 나눈다고 했는데, 대부분의 사람들이 자신의 힘을 아끼고 더 많은 일을 하려고 하지 않는다. 점점 일할 의욕도 떨어진다. 또한 필요에 따른 분배가 아닌, 힘 있는 사람들이 독점하게 된다. 모두 다 잘 살 수 있도록 하자고 했는데, 힘 있는 소수만이 잘 산다. 나누자고 했는데, 나누어줄 것이 없다. 평등을 추구했는데, 밑바닥으로 평준화가 되었다. '이론'이 아니라 '실천'이라고 했는데, 실천의 결과가 이렇다. 이러한 생각이 한낱 '망상'이 된 이유는 한 가지를 고려하지 않았기 때문이다. 그것은 바로 성경이 말하는 '인간의 전적 타락'이다. 타락한 인간은 이상(理想)과 반대로 움직인다. 가인은 자신이 사랑해야 할 동생을 죽였다. 요셉의 형들은 자신들이 돌봐야 할 동생 요셉을 애굽에 노예로 팔았다. 하나님을 섬겨야 할 인간들이 하나님께 등을 돌렸다. "만물보다 거짓되고 심히 부패한 것은 마음이라"(렘 17:9).

— 권성수

❻ 죄 아래 있는 인간은 영적인 측면에서 무엇이 없습니까?(18절)

❼ 유대인들은 율법을 소유하고 할례를 받았기 때문에 하나님의 최종 심판에서 제외될 것이라는 특권의식이 있었습니다. 하지만 사도 바울은 유대인들도 하나님의 심판 아래에 있다고 말합니다. 사도 바울은 구약성경의 증거들이 유대인들의 무엇을 막는다고 합니까?(19절)

* 율법 아래에 있는 자들(19절): 이는 유대인들을 가리킨다. 고대 법정에서는 피고인이 명백한 유죄일 때 입을 열지 말라는 의미로, 피고인의 입을 때렸다.

❽ 유대인들은 율법을 구원의 통로로 생각하고 율법만을 의지했습니다. 하지만 사도 바울은 이에 대해 무엇이라고 말합니까?(20절)

* 그러므로(20절): 이는 '왜냐하면'으로 번역하는 것이 더 자연스럽다.

더 깊은 연구와 묵상을 위하여

❶ 현대 교육학이나 상담학에서는 인간이 스스로를 교육하거나 치유할 수 있는 존재로 바라봅니다. 이에 대한 여러분의 생각은 어떻습니까?

❷ 유대인들은 마음의 할례와 참된 순종 없이 율법과 외적 할례만을 구원의 해답으로 여겼습니다. 오늘날 한국 교회 성도들이 구원의 요건으로 의지하는 거짓 해답들은 무엇입니까?

적용을 위한 글

상상해보라. 재판관은 창조주 하나님이고, 피고는 이방인과 유대인이다. 이방인이 먼저 피고석에 앉아서 유죄 판결을 받았다. 뒤에 있던 유대인은 팔짱을 끼고 당연하다는 듯 비웃는다. 그런데 유대인이 갑자기 호명된다. 유대인을 고발한 것은 다름 아닌 율법이다. 유대인들이 철석 같이 믿었던 율법이 그들을 고발한 것이다. 율법은 구약성경을 증거물로 제시하면서 유대인도 죄 아래 있는 인간임을 밝힌다. 그리고 율법은 자신이 누구인지를 밝힌다. 유대인들은 율법에 구원의 능력이 있다고 믿었지만, 그것은 그들만의 헛된 망상이었다.

적용 및 결단을 위한 질문

❶ 여러분은 모든 인간이 죄 아래 있는 존재라는 사실에 동의합니까?

❷ 여러분을 로마서 3:10-18에 묘사된 모습과 비교할 때, 공통점과 차이점이 무엇인지 함께 나누어 보십시오.

08 믿음의 법

본문 로마서 3:21-31

외울말씀 그런즉 자랑할 데가 어디냐 있을 수가 없느니라 무슨 법으로냐 행위로냐 아니라 오직 믿음의 법으로니라 (27절)

도입을 위한 글

성경이 말씀하는 '복음'이란 무엇인가? 한 마디로 복음이란, '예수 그리스도와 나의 관계'이다. 예수 그리스도를 믿음으로써 구원을 받음에 따라 죄 씻음 받고 땅에 속하였던 사람이 하늘에 속한 사람이 되는 복된 소식이 바로 복음이다. 그래서 예수님이 나의 주인이 되고 나는 그의 일꾼이 되는 것이다. 이것은 그리스도인 각자의 신앙고백으로 나타난다. 이런 확고한 신앙고백이 있을 때에 우리는 그를 '그리스도인'이라 부른다. 진정한 의미를 부여할 때, '그리스도인'과 '교인'은 구별된다. 교회를 다니는 교인들 중, 앞에서 말한 신앙고백을 확고하게 할 수 있는 사람만이 그리스도인이다. 오늘날 한국 교회에서는 확고한 신앙고백을 하지 못하면서도 분위기에 휩쓸려 그리스도인으로 불리는 경우가 허다하다. – 김진홍, 「지리산 편지」

도입을 위한 질문

❶ 여러분은 여러분 자신을 그리스도인이라고 생각합니까, 아니면 교인이라고 생각합니까?

❷ 예수님과 여러분은 진정한 '주인'과 '종'의 관계입니까?

본문 질문

❶ 율법 외에 나타난 것은 무엇입니까? 또한 무엇이 그것을 증거합니까?(21절)

* 이제는(21절): 이 말씀은 로마서 내용의 대반전이 이루어지는 부분이다.
* 율법과 선지자들(21절): 구약성경의 본명(full name)은 '율법과 선지자와 시'이다(눅 24:27).

❷ 하나님의 의는 무엇을 통해 나타났습니까?(22절)

* 예수 그리스도를 믿음으로 말미암아(22절): 이는 '예수 그리스도의 신실하심을 통하여'(주격적 소유격)로 해석해야 한다. 예수님은 성육신의 탄생부터 십자가의 죽으심까지 일생을 통해 첫 이스라엘이 실패한 하나님의 소명을 신실하게 성취했다. 그로 인해 새로운 하나님의 의가 나타났다.

❸ 하나님의 의는 어떤 사람에게 차별 없이 영향을 미칩니까?(22절)

* 이는 하나님의 의가 유대인들이나 이방인들로 나뉘어서 미치는 것이 아님을 의미한다.

❹ 모든 사람은 죄를 범했기 때문에 하나님의 영광에 이를 수 없습니다. 그렇다면 인간은 어떻게 의롭다 하심을 얻을 수 있습니까?(23-24절)

* 속량(24절): 이는 노예를 되사거나 전당포의 물건을 되살 때 사용하던 상업전문용어이다.

❺ 다음 글을 읽고 주님의 신실하심을 본받는 삶에 대해 정리해 보십시오.

> 율법은 '가치 없는 것'(짐승 등의 제물)으로 '가치 있는 것'(인간)을 속량하는 것이다. 복음은 '가치 있는 것'(예수 그리스도)으로 '가치 없는 것'(인간)을 속량하는 것이다. 주차안내로 봉사하는 성도들, 장애인 부서에서 섬기는 성도들, 식당에서 섬기는 성도들 중 사회지도층의 비중이 높다. 이는 복음적 교회의 모습이다. 율법적 성도들은 모세의 자리에 앉아 칭찬을 듣고 상 받기를 원한다. 복음적 성도들은 주님처럼 허리에 수건을 두르고 병들고 나약한 이들의 발을 씻겨준다. 조만식 장로는 제자인 주기철 목사의 심방 가방을 들고 다녔다. 손양원 목사는 한센병 환자의 환부를 끌어안고 기도했다. "인자가 온 것은 섬김을 받으려 함이 아니라 도리어 섬기려 하고 자기 목숨을 많은 사람의 대속물로 주려 함이니라"(막 10:45). – 고훈, 「국민일보 겨자씨」

❻ 하나님은 당신의 의로우심(언약적 신실하심)과 예수님을 믿는 자를 의롭다 하시기 위해 무엇을 하셨습니까?(25-26절)

* 화목제물(25절): 이는 '속죄소' 즉, '언약궤 뚜껑'을 말한다. 이곳은 하나님이 자기 백성을 만나고 죄를 용서해주신 장소로, 하나님은 예수님을 새로운 속죄소로 세우셨다.

❼ 사도 바울은 유대인들에게 무엇으로 의롭다 하심을 얻을 수 있다고 말합니까?(27-28절)

* 사도 바울 당시의 유대인들은 토라(율법)를 간직하고 지키려는 자신들만이 최종 심판의 날에 의롭다 하심을 얻을 수 있다고 생각하고 자랑했다.

❽ 새로운 법에 의해 유대인과 이방인이 동등한 입장이 되었습니다. 이로써 하나님은 누구의 하나님이 되셨습니까?(29-30절)

❾ 율법은 인간의 노력이나 행위가 아닌, 무엇으로 굳게 세워집니까?(31절)

더 깊은 연구와 묵상을 위하여

❶ 본문의 "이제는"(21절)과 "이 때에"(26절)는 구속사적으로 대반전의 시점을 말합니다. 이 시점을 기준으로, 그 이전과 이후는 무엇이 달라졌습니까?

❷ 법궤의 속죄소와 새로운 속죄소인 예수 그리스도의 공통점은 무엇입니까?

적용을 위한 글

로마서 1:1–3:20까지의 논증을 통해서 알 수 있는 것은 죄 아래 있는 모든 인간에겐 소망이 없다는 것이다. 하지만 로마서 3:21에서 대반전이 일어난다. 하나님이 이루신 놀라운 일 때문이다. 하나님은 구약성경에서 약속하셨던 하나님의 의를, '예수 그리스도'를 통해 나타내셨다. 예수님은 하나님의 의로우심을 위해 탄생부터 부활까지 신실하게 당신의 임무를 다하셨다. 예수님이 하신 일 중에 가장 크고 위대한 일은 바로, '새로운 속죄소'가 되는 일이었다. 예수 그리스도의 죽음이 모든 사람을 속량했다. 이 속량은 인류 역사상 가장 큰 사건이다. 우리는 이 사건을 항상 묵상하며 감사해야 한다.

적용 및 결단을 위한 질문

❶ 여러분은 하나님이 예수 그리스도를 통해 이루신 놀라운 일에 감사하며 그것을 다른 사람들에게 자랑합니까?

❷ 여러분은 그리스도인으로서 신실하신 하나님과 예수님처럼 신실한 믿음으로 생활하기 위해 어떤 노력을 하고 있는지 함께 나누어 보십시오.

09 의롭다 함을 얻는 믿음

본문 로마서 4:1-12

외울말씀 성경이 무엇을 말하느냐 아브라함이 하나님을 믿으매 그것이 그에게 의로 여겨진 바 되었느니라 (3절)

도입을 위한 글

영국 빅토리아 여왕의 아버지 켄트 공작은 독실한 그리스도인이었다. 켄트 공작의 임종 시, 의사가 공작을 위로하기 위해 그의 위대한 정치적 업적을 열거하며 공작의 사후는 확실하게 보장되어 있을 것이라고 말했다. 그러자 공작은 "내가 구원받은 것은 공작이기 때문이 아니라 죄인이기 때문이오"라고 말했다. 우리의 구원은 우리가 죄인이라는 사실을 인정하고 두 손 들고 하나님 앞에 나아갈 때 시작된다. 예수 그리스도를 통한 하나님의 약속을 굳게 믿고 그 안에 거할 때 시작되는 것이다. 아직도 사람들은 수많은 종교적 행위를 구원의 시작으로 착각한다. 어떤 이는 구원을 얻기 위해 작렬하는 햇볕 아래서 못이 박힌 널빤지 위에 눕는다. 또한 일생을 벙어리로 살 것을 서약하거나 순례여행으로 수백 Km나 되는 거리를 기어서 가기도 한다. 하지만 이 모든 것은 잘못된 종교적 사슬에 불과하다. 성경은 구원이 종교적 행위가 아닌 하나님의 '의'되신 예수 그리스도를 믿고 하나님의 은혜를 수용하는 것에서 출발한다고 말씀한다.

도입을 위한 질문

❶ 여러분 주변에서 믿음이 좋다고 평가받는 사람들의 특징은 무엇입니까?

❷ 여러분은 구원을 받았음을 믿다가도 여러분의 행위에 따라 그것이 취소될 수도 있다고 생각한 적이 있습니까?

본문 질문

❶ 당시 유대인들은 아브라함이 율법의 행위 때문에 의롭다 하심을 얻었다고 주장했습니다. 하지만 사도 바울은 하나님이 무엇 때문에 아브라함을 의롭게 여기셨다고 말합니까?(1–3절)

* 성경이 무엇을 말하느냐(3절): 바울은 창세기 15:5–6을 반론의 근거로 제시했다.

❷ 일하는 자는 자신이 받는 삯을 당연한 보수로 여깁니다. 하지만 일하지 않고 삯을 받은 자는 그것을 무엇이라고 생각합니까?(4절)

❸ 하나님은 아브라함처럼 경건하지 않은 자도 의롭다고 하셨습니다. 아브라함이 한 일은 무엇밖에 없습니까?(5절)

* 갈대아의 아브람은 이방인이었으며, 경건하지 못했고, 하나님에 대해서도 잘 알지 못했다.

❹ 다윗은 일한 것 없이 하나님께 의로 여기심을 받는 사람의 복에 대해 어떻게 말합니까?(6-8절)

❺ 다음 글을 읽고 할례의 진정한 의미에 대해 정리해 보십시오.

결혼식에서 가장 엄숙한 순간은 신랑 신부가 반지를 교환하는 시간이다. 반지는 그것을 끼는 사람과 그의 배우자와 온 세상에 새로운 관계의 탄생을 선언하는 의미다. 또한 반지는 계속해서 이어질 끝없는 사랑을 말해준다. 나 또한 결혼반지를 낀 지가 여러 해 되었는데, 나는 이것이 아내와 나 사이에 깨질 수 없는 결속을 잘 보여주는 표라고 믿는다. 하나님은 아브라함과 언약 관계를 시작하면서 이와 같은 표식을 주셨는데, 그것이 바로 '할례'다.

– 톰 라이트, 『모든 사람을 위한 로마서 I』

❻ 아브라함이 믿음으로 의롭다 하심을 받은 것은 할례받은 자였을 때입니까, 할례받지 않은 자였을 때입니까?(9-10절)

* 칭의(창 15장)와 할례(창 17장) 사이에는 약 17년의 세월이 있다.

❼ 하나님은 아브라함에게 왜 할례를 받으라고 하셨습니까?(11절)

* 표(11절): 이는 '무언가를 확증하는 외적인 표시'라는 뜻이다.

❽ 할례받지 않았던 때였으나 오직 믿음으로 의롭다 하심을 받은 아브라함은 어떤 자들의 조상이 되었습니까?(11b-12절)

더 깊은 연구와 묵상을 위하여

❶ 당시 유대교 문헌(희년서, 마카비1서 등)을 보면, 유대인들은 아브라함이 갖가지 시험받는 상황 속에서도 충성을 다했기 때문에 의롭다 하심을 받은 것이라고 기록합니다. 이런 생각들이 왜 오류인지 창세기 15장을 근거로 증명해 보십시오.

❷ 하나님이 여러분을 '의로 여기신다'라는 표현을 깊이 묵상해 보십시오(3, 5-6, 9, 11절).

적용을 위한 글

당시 유대인들은 아브라함이 율법의 행위로 의롭다 하심을 얻었다고 주장했다. 특히, 아브라함처럼 할례를 받은 자들만이 의롭다 하심을 얻고 구원의 백성이 된다고 주장했다. 하지만 그것은 비성경적인 오류였다. 창세기는 이 점에 대해 분명하게 대답한다. 아브라함이 의롭다 하심을 받은 것은 할례받기 17년 전이다. 아브라함이 의롭다 하심을 얻은 것은 전적으로 하나님의 은혜였다. 아브라함은 그저 하나님의 은혜를 수용한 것뿐이다. 예나 지금이나 아브라함처럼 하나님을 신뢰하고 하나님의 은혜를 수용하는 자는 하나님의 백성이 될 수 있다. 아브라함의 믿음의 자취만 따르면 된다.

적용 및 결단을 위한 질문

❶ 여러분은 예수님을 통해 의롭다 하시는 하나님 앞에 날마다 겸손한 마음으로 나아가고 있습니까?

❷ 여러분은 아브라함이나 다윗과 같이 하나님이 의롭다 여겨주시는 행복을 누리고 있습니까?

10 믿음의 원형

본문 로마서 4:13-25

외울말씀 기록된 바 내가 너를 많은 민족의 조상으로 세웠다 하심과 같으니 그가 믿은 바 하나님은 죽은 자를 살리시며 없는 것을 있는 것으로 부르시는 이시니라 (17절)

도입을 위한 글

에디슨은 초등학교 석 달 다닌 학력으로도 세계적인 발명왕이 되었고, 청력 장애를 앓던 베토벤은 희망의 신앙으로 음악의 성인(聖人)이 되었다. 4살이 되도록 말을 못하고 7살까지 글을 읽지 못한 아인슈타인도 어머니의 교육으로 세계적인 석학이 되었다. 나치 수용소에서 살아남은 빅터 플랭크리는 "희망을 버리지 않으면 언젠가 좋은 날이 올 것이다"라고 읊조렸고, 희망의 신학자 몰트만은 "이 세계가 희망을 가졌든지 못 가졌든지 우리는 하나님의 희망을 품고 살아가는 사람들입니다"라고 말했다. 토마스 칼라일은 "인간은 희망에 기초를 두고 있는 존재입니다. 인간은 자기 소유를 다 빼앗긴다 할지라도 오직 희망만큼은 가지기를 원합니다"라고 했고, 『천로역정』의 저자인 존 번연은 "만약 예수님이 나를 맞이하실 때 칼을 들고 나오실지라도 나는 그분의 발 아래에 내 몸을 던질 것입니다. 왜냐하면 그분만이 나의 최후의 희망이기 때문입니다"라고 말했다. "아브라함이 바랄 수 없는 중에 바라고 믿었으니…사라의 태가 죽은 것 같음을 알고도…약속하신 그것을 또한 능히 이루실 줄을 확신하였으니"(롬 4:18-21). – 김필곤

도입을 위한 질문

❶ 여러분과 도입을 위한 글에 나오는 인물들은 어떤 공통점이 있습니까?

❷ 여러분은 '소망 없는 중에 소망하기'(hoping against hope)가 가능합니까?

본문 질문

❶ 당시 유대인들은 율법을 지키는 아브라함이나 그 후손이 세상의 상속자가 될 것이라고 주장했습니다. 하지만 사도 바울은 세상의 진정한 상속자는 오직 무엇을 통해 된다고 말합니까?(13절)

* 세상(13절): 유대인들은 이 단어의 개념을 '가나안→온 땅→종말'에 오는 세상으로 확대했다.

❷ 만약 율법에 속한 자들(유대인)이 세상의 상속자이면 어떤 일이 일어납니까?(14절)

❸ 율법은 진노와 범법만 만들 뿐이며, 세상의 상속자는 은혜와 믿음으로 됩니다. 유대인이든 이방인이든 어디에 속한 자가 되어야 합니까?(15-16절)

❹ 아브라함은 모든 믿는 자의 원형입니다. 아브라함은 하나님을 어떤 분으로 믿었습니까?(17절)

❺ 다음 글을 읽고 죽은 자가 다시 살아나는 것이 지금도 가능한지에 대해 정리해 보십시오.

> 어느 날 할머니께서 위독하시다는 소식을 듣고 고향으로 내려갔다. 고모들과 친지들이 할머니 곁에서 임종을 지키고 있었다. 할머니는 결국 숨이 멎었고 고모들은 곡을 했다. 그런데 이상하게도 마음속에 성령이 자꾸 말씀을 주셨다. 할머니가 다시 살아나신다는 것이었다. 나는 내가 할머니를 너무 사랑해서 들리는 음성인 줄 알았다. 그때 하나님이 나에게 성경책을 잡고 설교하라는 마음의 감동을 주셨다. 나는 곧바로 고모들과 예배했다. 예배하면서 "하나님이 이 시간 할머니를 살리기 원하십니다"라고 말했지만 아무도 그 말을 믿지 않았다. 30분이 지나면서 시신은 더욱 차갑고 딱딱해졌다. 한 시간이 지나도 변화가 없자 내 마음에 의심이 생겼다. 그러나 성령은 계속해서 나에게 세미한 감동을 주셨다. "내 종아, 걱정하지 말아라. 이 일은 네가 하는 것이 아니라 내가 하는 것이다. 너는 다만 나의 이름으로 선포하라. 그리하면 너는 내가 살아있음을 보게 될 것이다." 나는 선포하였다. "예수 그리스도의 이름으로 명하노니 생명이 돌아올찌어다!" 일곱 번 정도 외쳤을 때, 할머니의 입에서 탄식 소리와 함께 숨이 터졌다. 이런 기적은 오직 하나님이 말씀을 주실 때만 가능하다.
>
> – 조신형

❻ 아브라함은 100세나 된 자신의 몸과 사라의 태가 죽은 것 같음을 알았지만 하나님의 약속의 말씀에 어떻게 반응합니까?(19–21절)

❼ 사도 바울을 비롯한 모든 그리스도인들이 믿어야 할 하나님은 어떤 분이십니까?(24절)

* 아브라함에게 적용되었던 믿음과 의의 원리가 모든 성도들에게도 동일하게 적용된다(22–23절).

❽ 아브라함은 모리아산에서 이삭을 번제물로 바칠 때 죽은 자를 살리시는 하나님을 경험했습니다. 그리스도인들은 예수님의 무엇을 보면서 하나님을 경험할 수 있습니까?(25절)

더 깊은 연구와 묵상을 위하여

❶ 여러분은 "모든 그리스도인은 아브라함의 자손이다"라는 말이 맞다고 생각합니까? 이는 유대인이나 무슬림들만 아브라함의 후손이라고 생각하는 것과 어떤 차이가 있습니까?

❷ "율법에 속한 자"(14절)와 "믿음에 속한 자"(16절)는 무엇이 다릅니까?

적용을 위한 글

로마서 4:23-24은 로마서 1-4장에서 사도 바울이 말하고자 하는 내용의 핵심이다. 예수님의 십자가를 통해 온 세계의 죄악과 심판이 처리되었다. 그리고 예수님의 부활을 통해 죽은 자를 살리시는 하나님이 계시되었으며 모든 인간이 하나님의 자녀가 될 수 있음이 증명되었다. 아브라함의 믿음은 그리스도인이 가져야 할 믿음의 원형이다. 우리는 창조주 하나님을 인정하고 그분의 능력을 믿어야 하며, 그것을 통해 하나님께 영광을 돌리고 우리의 몸을 생명의 도구로 사용해야 한다.

적용 및 결단을 위한 질문

❶ 여러분은 사랑과 감사와 신뢰를 가지고 여러분에게 약속과 함께 그것을 반드시 이루시는 창조자 하나님을 의지합니까?

❷ 여러분은 지금 여러분의 상황과 하나님의 약속의 말씀 중에 무엇에 더 마음을 두고 있습니까?

11 화평을 누리자

본문 로마서 5:1-11

외울말씀 그러므로 우리가 믿음으로 의롭다 하심을 받았으니 우리 주 예수 그리스도로 말미암아 하나님과 화평을 누리자 (1절)

도입을 위한 글

인생에는 중요한 원칙 두 가지가 있다. 바로 소망과 성실이다. 소망을 가지고 성실을 다하면 거기에서 반드시 자신이 구하는 것을 얻게 된다. 따라서 소망은 정신의 피와 같다. 그것이 없으면 정신에 생명력이 없다. 피가 육체에 생명력을 주듯이, 소망은 인간의 마음에 생명력을 준다. 누구를 사랑한다는 것은 그에게 소망을 가진다는 뜻이다. 다시 말해서, 내가 누군가에게 무엇을 바란다는 것은 곧 그 사람을 사랑한다는 말이다. 단테는 "지옥은 아무런 소망이 없는 사람들이 들어갈 곳이다"라고 말했다. 성경은 "의인은 그의 죽음에도 소망이 있느니라"(잠 14:32)고 했다. 자비로우신 하나님은 인간에게 소망으로 앞을 바라보게 하셨고, 한숨으로 뒤를 바라보게 하셨다. 한숨을 쉬는 사람은 길을 걸으면서 자꾸 뒤를 보는 사람과 같다. 당연히 잘 걸을 수 없으며 넘어지기 쉽다. 반성과 자책도 필요하지만, 더 필요한 것은 소망을 가지고 내일을 바라보는 것이다. 큰 마음에 큰 소망이 깃든다. 소망이 작은 사람이 큰 사람이 되는 예는 거의 없다.

– 최승일, 「국민일보 겨자씨」

도입을 위한 질문

❶ 여러분은 소망의 사람입니까, 아니면 한숨의 사람입니까?

❷ 여러분이 요즘 마음속으로 소망하는 것은 무엇입니까?

본문 질문

❶ 믿음으로 의롭다 하심을 받은 우리는 하나님과 무엇을 누릴 수 있습니까?(1절)

* 화평(1절): 헬라어로 '에이레네'로, 평화와 화목으로 바꿔 쓸 수 있다.

❷ 그리스도인은 예수 그리스도를 통해 어디에 들어가며 무엇을 바라고 기뻐합니까?(2절)

❸ 그리스도인은 화평, 은혜, 영광을 경험함과 동시에 환난을 겪습니다. 하지만 환난은 그리스도인에게 유익합니다. 환난은 어떤 과정을 통해 무엇을 이루게 하기 때문입니까?(3–4절)

❹ 그리스도인이 환난 가운데서도 소망을 품을 수 있는 이유는 성령께서 마음에 무엇을 부어주시기 때문입니까?(5절)

* 부은 바 됨이니(5절): 무한 충만(refill)을 의미한다.

❺ 다음 글을 읽고 하나님이 우리에게 환난을 허락하시는 이유에 대해 정리해 보십시오.

우리가 처한 역경의 근원이 무엇이든지 간에, 그 역경을 이겨낼 수 있는 비결은 하나이다. 하나님이 궁극적으로 모든 것을 주재하셔서 합력하여 선을 이루신다는 사실을 믿는 것이다. 물론 하나님의 주재하심을 언제나 알 수 있는 것은 아니다. 하나님이 욥에게 시련을 겪는 이유에 대해 전혀 말씀해주지 않으신 것은, 여러 해에 걸쳐 나에게 큰 도움이 되었다. 하나님은 무대 뒤에서 사탄과 싸우셨다. 그리고 욥은 단지 하나님이 허락하시는 것을 그대로 받을 수밖에 없었다. 대부분 우리는 왜 시험을 받는지, 그 목적을 알지 못한다. 그러나 시험 속에서도 성경의 안위로 소망을 가질 수 있으며, 이러한 소망으로 인해 인내하고 연단할 수 있다. 인내와 연단은 성경에서 환난과 관련해 자주 언급된다. 우리는 몸을 사리며 시험을 좋아하지 않지만 반드시 받아들여야 한다. 육체적으로나 영적으로 곤경 없이는 인내를 기를 수 없다. 이러한 이유로 신실하신 하나님은 우리의 삶에 시련을 허락하신다. 하나님은 성경의 안위와 영화로운 구원에 대한 소망과 시련을 통해 우리의 인내를 키우시고 연단시키신다. – 제리 브릿지즈, 『경건에 이르는 연습』

❻ 하나님의 사랑은 인간의 상식(7절)을 초월하는 사랑입니다. 하나님은 죄인들에게 자신의 사랑을 어떤 방식으로 확증하셨습니까?(6, 8절)

* 죄인(8절): '유혹과 죄를 이길 수 없는 연약한 자'(6절), '하나님의 뜻을 멸시하고 노골적으로 대적한 경건하지 않은 자'(6절)를 말한다.

– 6절: 그리스도께서 경건하지 않은 자를 위하여 (　　　　　)셨도다

– 8절: 그리스도께서 우리를 위하여 (　　　　　)으로

❼ 현재(이제) 그리스도의 구속 사역을 통해 의롭다 하심을 받은 그리스도인들은 장차 다가올 진노하심(최종 심판)에서도 구원을 받을 수 있습니까?(9–10절)

* 구원을 받을 것이니라(10절): 미래형이다.

❽ 그리스도인은 현재 하나님과 화목을 누릴 뿐만 아니라 미래의 최종 심판에서도 구원받을 것을 소망하며 어떻게 생활할 수 있습니까?(11절)

더 깊은 연구와 묵상을 위하여

❶ 여러분은 하나님과 더불어 평화를 누리고 있습니까? 히브리서 4:16에서 언급하는 영적인 복을 누리고 있습니까?

❷ 9절에는 칭의의 두 가지 시제가 언급되어 있습니다. "받았으니"와 "받을 것이니"를 중심으로 현재와 미래의 칭의에 대해 정리해 보십시오.

적용을 위한 글

그리스도인은 믿음으로 의롭다 하심을 받는다. 의롭다 하심을 받은 자는 하나님과 화평의 관계를 누린다. 그리고 은혜의 보좌로부터 쏟아지는 복을 누릴 수 있다. 그 복은 환난의 상황도 이겨낼 수 있는 능력이 된다. 성령은 끊임없이 우리 속에 하나님의 신실한 사랑을 부어주신다. 그래서 환난을 신뢰하기보다는 죽음으로 확증해주신 하나님의 놀라운 사랑을 신뢰하게 하신다. 그리고 최종 심판에서 얻게 된 구원을 소망하게 하신다. 그리스도인들은 소망으로 환난을 이겨내며 즐거운 생활을 할 수 있다.

적용 및 결단을 위한 질문

❶ 여러분은 요즘 당하고 있는 어려운 문제 속에서 하나님의 은혜를 어떻게 경험하고 있습니까?

❷ 여러분은 하나님과의 화평을 누리고 미래의 구원을 소망하며 즐거워합니까?

12 아담과 예수

본문 로마서 5:12-21

외울말씀 한 사람이 순종하지 아니함으로 많은 사람이 죄인 된 것 같이 한 사람이 순종하심으로 많은 사람이 의인이 되리라 (19절)

도입을 위한 글

전남 여수시 율촌면 신풍리에는 애양원 예배당이 있고, 뒤쪽 동도섬에는 세 개의 무덤이 있다. 당시 1,000여 명의 한센병 환자들을 상대로 목회하면서 신사참배 거부로 6년간 옥고를 치른 후 48년을 살다 가신 손양원 목사님의 무덤과 여순반란사건 때 25세와 19세의 나이로 순교한 동인 군과 동신 군의 무덤이다. 손양원 목사님의 기념관에는 고인이 사용했던 유품들이 진열되어 있다. '원수 사랑'을 몸소 실천하신 분 앞에서 눈시울을 적셨다. 그곳에서 두 아들을 죽인 원수를 아들로 입적시킨 손양원 목사님의 숨결을 느낄수 있었다. 또한 손양원 목사님은 한센병자의 피고름을 입으로 직접 빨아주며 돌보셨던 실로 예수님처럼 원수를 위해 십자가를 지신 분이다. 그리스도인의 뜻은 두 가지다. 하나는 그리스도에게 속한 자이고, 다른 하나는 그리스도를 닮은 자이다. 오늘날의 교회는 '아무나 오라'고 부르지만, 천국에서는 '그리스도를 닮은 자들만 들어오라'고 하신다. – 최낙중

도입을 위한 질문

❶ 여러분은 그리스도에게 속한 자로서, 그리스도를 닮아가는 삶을 살고 있습니까?

❷ 천국에는 그리스도를 닮은 자들만 들어갈 수 있다고 생각합니까?

본문 질문

❶ 인류의 대표자 아담을 통해 세상에 무엇이 들어왔습니까?(12절)

❷ 아담은 인류의 모형입니다(14절). 아담에게 속한 모든 사람들은 아담처럼 무엇을 지었습니까?(12절)

* 모형(14절): 헬라어 '튀포스'로, 어떤 물건을 찍어내기 위해 만든 본(本)을 의미한다.

❸ 율법이 없었을 때(아담에서 모세까지)에도 죄가 있었습니까? 그때에도 무엇이 왕 노릇을 했습니까?(13-14절)

* 사망(14절): 단순히 신체적 죽음만을 뜻하는 것이 아닌, 하나님과의 단절된 상태에서 오는 모든 결과를 말한다.

❹ 그러나 새로운 인류의 모형 예수 그리스도는 많은 사람에게 은사(은혜의 선물)를 주었습니다. 예수님에게 속한 사람들은 현재와 미래에 어떤 선물을 받습니까?(15-17절)

– 현재(16절): (   ) 하심에 이름이니라

– 미래(17절): 생명 안에서 (   ) 노릇 하리로다

❺ 다음 글을 읽고 하나님의 자녀들이 누릴 수 있는 은혜의 선물에 대해 정리해 보십시오.

> 몇 년 전, 나는 길을 걷다가 교통사고를 당해 비장 파열로 병원에 후송되었다. 나는 테이블 위에 단단히 묶여 마스크를 쓴 사람들에게 둘러싸인 채 완전한 의존 상태를 경험했다. 그때 나는 의학 기술에 온전히 의지하고 있다는 사실과 나의 가장 깊은 존재는 의존적이라는 사실을 깨달았다. 그리고 수술 후에 살게 되건 그렇지 못하건 간에 나는 틀림없이 하나님의 품에 안겨서 살게 되리라는 확신이 생겼다. 나는 이 색다른 사건 덕분에 안전하게 보호받고 있다는 어떤 거대한 느낌을 경험했다. 이 경험은 나의 자의식을 뿌리째 바꾸었으며 내 의식 상태에 깊은 영향을 끼쳤다. 여기에서 기이한 역설이 하나 성립된다. 사람에 대한 의존은 때때로 우리를 노예 상태로 이끌지만, 하나님에 대한 의존은 자유로 이끈다는 것이다. 즉, 하나님을 가장 친밀하게 의존하는 것을 은혜의 선물로 받아들일 때, 우리는 하나님의 자녀로서 누리는 자유를 발견할 수 있다.
>
> – 헨리 나우웬, 『죽음, 가장 큰 선물』

❻ 예수 그리스도를 통해 새로운 인류가 탄생했습니다. 이는 범죄하고 불순종한 아담과 달리, 예수 그리스도의 행위가 어떠했기 때문입니까?(18–19절)

❼ 유대인들은 율법에 대한 특별한 애정과 기대가 있었습니다. 율법을 가지고 있고, 또한 율법을 지키는 사람만이 새로운 인류가 된다고 생각했습니다. 특히, 율법은 죄를 억제하는 능력이 있다고 생각했습니다. 하지만 바울은 유대인들에게 율법이 어떤 기능을 한다고 말했습니까?(20절)

❽ 하나님은 "죄가 더한 곳"(20절), 즉 죄와 사망이 왕 노릇 하는 곳에 새로운 영역을 만드셨습니다. 무엇이 왕 노릇 하는 영역입니까?(21절)

– (　　　　　　　　)도 또한 의로 말미암아 왕 노릇 하여

더 깊은 연구와 묵상을 위하여

❶ 여러분은 예수 그리스도의 신실한 순종으로 구원을 받습니다. 예수님이 일생을 어떻게 순종하셨는지, 빌립보서 2:8을 통해 정리해 보십시오(성육신, 33년간의 순종의 삶, 십자가 등).

❷ 율법은 죄를 억제시킬 수 없습니다. 오히려 여러분이 죄와 사망의 지배를 받

고 있음을 뚜렷하게 해줄 뿐입니다. 여러분의 죄를 억제할 수 있는 방법은 무엇입니까?

적용을 위한 글

이 세상에는 두 나라가 존재한다. 인류의 대표자 아담에게 속한 죄와 사망의 나라와 새로운 인류의 대표자 예수님에게 속한 은혜와 생명의 나라이다. 그리스도인들은 아담의 나라에서 예수님의 나라로 옮겨진 자들이다. 예수님의 나라에 속한 사람들은 의롭다 하심을 얻고 생명을 누린다. 또한 하나님과의 평화 안에서 은혜의 선물을 누린다. 현재는 물론, 미래의 영생을 약속받는다. 이 모든 것이 예수 그리스도의 신실한 복종의 공로 때문이다. 예수님은 성육신을 시작으로 33년간 이 땅에서 신실하게 복종하시되 십자가에 달려 죽기까지 복종하셨다. 예수님의 신실하심으로 인해 모든 그리스도인이 존재할 수 있다. 오직 새로운 인류의 대표자이신 예수 그리스도만이 찬양받기에 합당한 분이시다.

적용 및 결단을 위한 질문

❶ 여러분은 아담에게 속한 자입니까, 아니면 예수 그리스도에게 속한 자입니까?

❷ 여러분은 예수 그리스도를 통해 주시는 하나님의 은혜의 선물을 누리고 있습니까?

13 그리스도와 연합

본문 로마서 6:1-11

외울말씀 이와 같이 너희도 너희 자신을 죄에 대하여는 죽은 자요 그리스도 예수 안에서 하나님께 대하여는 살아 있는 자로 여길지어다 (11절)

도입을 위한 글

예수님이 말씀하신 탕자의 비유는 유명하다(눅 15:11-32). 동생은 아버지에게 떼를 써서 자기 몫의 재산을 얻어낸 다음, 집을 떠나 그 재산을 모두 잃고 수치스럽게 집으로 돌아온다. 그런데 놀랍게도 아버지는 달려나와 자기를 맞고 큰 잔치를 베풀어 자기의 명예를 세워주는 것이 아닌가. 그럴 자격이 없음에도(또한 형의 원성에도 불구하고), 그는 다시 아들로 환영받는다. 그러고 나서 한두 해 후에 이 젊은이의 마음에 슬며시 이런 생각이 들어온다고 상상해보자. 삶은 그럭저럭 무난하게 자리를 잡은 상태다. 형도 그런대로 마음을 진정하고 동생을 받아들이며, 아버지는 늙어간다. 그는 집으로 돌아오는 길에 아버지가 달려와서 자기를 맞아주신 행복했던 날을 떠올린다. 그러고는 일을 또 저질러볼까 생각한다. 먹고 살만큼 재물을 챙겨 몇 주 동안 집을 나갔다가 회개하고 다시 돌아오면 어떨까? 나에게 또 잔치를 베풀어주실까? 상상도 못할 터무니없는 일 아닌가? 어떻게 그런 생각을? 하지만 그렇게 생각하는 사람들이 아주 많다. “하나님은 나를 용서해주실 거야. 그게 바로 하나님이 하시는 일이니까!” 200년 전, 어느 유명한 철학자가 선언한 말이다.

– 톰 라이트, 『모든 사람을 위한 로마서』

도입을 위한 질문

❶ 여러분은 탕자가 또다시 집을 나갔다 돌아오면 아버지는 탕자를 어떻게 맞이할 거라고 생각합니까?

❷ 여러분은 하나님이 용서만 하시는 분이라고 생각합니까?

본문 질문

❶ 방종주의자들은 은혜를 더 많이 얻으려면 계속 죄의 상태에 머물러 있어야 한다고 주장했습니다. 바울은 이에 대해 어떻게 대답합니까?(1-2절)

❷ 그리스도인은 이미 죄에 대하여 죽은 자들이기 때문에 죄 가운데 살 수 없습니다(2절). 그리스도인은 언제, 어떻게 죄에 대하여 죽게 됩니까?(3-4절)

* 합하여(3절): 헬라어 전치사 에이스로, '-안으로'라는 뜻이다.

❸ 그리스도인은 세례를 통해 어떤 사건에 동참하게 됩니까?(4-5절)

❹ 그리스도인은 더 이상 죄 가운데 사는 사람이 아닙니다. 그리스도인은 그리스도와 연합한 자로서 어디 가운데서 행하는 사람입니까?(4절)

❺ 다음 글을 읽고 그리스도와 연합한 자로 살아간다는 것에 대해 정리해 보십시오.

바울은 자기 자신을 '죄에 대하여는 죽은 자'로 여기라고 했다. 죄의 세력과 권세로부터 교감(交感)을 완전히 끊어버리는 명령이다. "사악한 생각은 활동을 하지 않을 때 죽는다"라는 필로의 격언처럼, 죽은 몸은 유혹에 반응할 수 없다. 또한 자기 자신을 '하나님을 대하여는 산 자'로 여기라고 했다. 예수님과 함께 부활한 존재로 살아가라는 것이다. 쥬엣이라는 학자는, 예수님 안에서 산다는 것은 예수 그리스도와의 신비한 연합(mystical relationship)이라고 했다. 그리스도와의 신비한 연합을 통해 예수 그리스도 안에서 협력적인 삶을 살아가는 것이다. 그것은 그리스도를 옷 입는 것이다(롬 13:14). 매일의 삶 속에서 끊임없이 그 안에 머무르고자 노력하는 것이다. 그리스도의 죽음이라는 객관적인 사실에 계속적으로 동참하며 그리스도의 통치라는 객관적인 사실 안에서 살고자 결단하는 것이다. 즉 '예수님 안에서'라는 것은 단순한 위치를 나타내는 것이 아닌, 관계성의 차원에서 살아 움직이는 것이다. 따라서 죄에 대해서 죽은 자는 반드시 하나님에 대해 순종하는 삶을 살게 된다.

❻ 그리스도인이 예수님과 연합할 때 많은 변화가 일어납니다. 6-7절을 읽고 정리해 보십시오.

* 옛 사람(6절): 인류의 대표자, 아담에게 소속된 사람들을 말한다.

– 6절: 우리의 (　　　　　)이 예수와 함께 십자가에 못 박힌다.

– 6절: 죄의 (　　　)이 죽어 다시는 우리가 죄에게 종 노릇 하지 않는다.

– 7절: 죽은 자가 죄에서 벗어나 (　　　　　　　　)을 얻게 된다.

❼ 그리스도인은 무엇을 믿고, 아는 자입니까?(8-9절)

❽ 바울은 로마 교회의 성도들에게 자기 자신을 어떤 사람으로 여기라고 명령했습니까?(10-11절)

더 깊은 연구와 묵상을 위하여

❶ 여러분은 옛 사람입니까, 아니면 새 사람입니까? 에베소서 4:22-24과 골로새서 3:9-10을 통해 옛 사람과 새 사람의 개념을 정리해 보십시오.

❷ 세례는 일종의 장례식이자 다시 태어나는 의식입니다. 여러분의 세례는 어떠했습니까?

적용을 위한 글

그리스도인은 그리스도의 모든 사건에 연합한 자들이다. 그리스도의 성육신, 고난의 삶, 십자가, 부활에 동참한 자들이다. 세례는 내가 그리스도의 사건에 연합한다는 신앙고백이다. 물속에 들어가 아담에게 속한 내가 죽고 물 밖으로 나오면서 예수님에게 속하게 된다. 따라서 그리스도인들은 더 이상 아담에게 속한 옛 사람이 아니다. 자신을 하나님에 의해 그리스도에게 소속된 사람이라고 여겨야 한다. 또한 그리스도의 새 생명을 소유한 새 사람으로 여겨 옛 사람으로 살던 때처럼 죄 가운데 살면서 방종하지 말아야 한다.

적용 및 결단을 위한 질문

❶ 여러분은 죄 가운데 살면서도 은혜를 확신하는 방종주의자는 아닙니까?

❷ 그리스도의 사건(죽으심과 부활)은 여러분과 어떤 상관이 있다고 생각합니까?

14 새로운 종살이

| 본문 로마서 6:12-23

| 외울말씀 죄로부터 해방되어 의에게 종이 되었느니라 (18절)

도입을 위한 글

어느 날, 한 청년이 성 프란시스 형제회에 가입하고자 수도원을 찾아왔다. 그는 형제회 위원들에게 수도원에 들어가 함께 수도하며 전도하고 싶다는 포부를 밝혔다. 위원들은 열의가 가득한 이 청년을 받아들일 것인가에 대해 고심했다. 그러던 중 프란시스는 마지막으로 그 청년에게 한 가지 과제를 주었다. "젊은이, 저기 배추가 한 포기 있는데 저 배추를 한번 거꾸로 심어 보겠는가?" 프란시스가 이런 엉뚱한 과제를 준 이유는, 청년이 상식에 맞지도 않고 자신의 생각에 합하지 않는 요구일지라도 영적인 스승의 지시에 순종할 것인가를 알아보기 위해서였다. 예수님의 삶을 지배했던 가장 중요한 가치관은 하나님 아버지의 뜻에 절대적으로 순종하는 것이었다. 하나님께서는 오늘도 절대적으로 순종하는 사람을 찾으신다.

– 이동원, 『짧은 이야기 긴 감동』

도입을 위한 질문

❶ 여러분이 청년이었다면, 프란시스의 과제를 어떻게 수행했겠습니까?

❷ 여러분은 하나님의 말씀에 순종을 잘하는 편입니까?

본문 질문

❶ 그리스도인은 다시 살아난 자답게 자신의 몸(지체)을 어떻게 사용해야 합니까?(12–13절)

* 사욕(12절): 욕구를 말한다.

❷ 그리스도인은 죄와 율법이 지배하는 곳을 떠나 어디 아래에서 살아가는 자들입니까?(14절)

* 은혜(14절): 하나님이 아낌없이 베풀어주시는 사랑을 말한다.

❸ 인간은 누구의 종으로 사느냐에 따라 그 결과가 달라집니다. 16절을 읽고 정리해 보십시오.

– 죄의 종으로 (   )에 이르고 혹은 순종의 종으로 (   )에 이르느니라

❹ 죄로부터 해방되어 의에게 종이 된다는 것은 무엇에 순종하는 것을 의미합니까?(17-18절)

* 교훈의 본(17절): 초대교회에서 교육되고 선포되었던 신조와 복음을 말한다.

❺ 다음 글을 읽고 순종에 대해 정리해 보십시오.

순종은 하나님의 뜻을 아는 것이 아니다. 순종은 그것을 인정하는 것도 아니고, 그것을 행하려고 마음먹은 것도 아니다. 순종은 오직 하나님의 뜻을 행하는 것이다. 그리스도 안에서 거룩하라. 그리스도는 순종하심으로써, 즉 하나님의 뜻을 행하심으로써 자신을 거룩하게 하셨다. 그리고 그분이 행하신 그 뜻 안에서, 우리도 거룩하게 되었다. 하나님의 뜻이 그리스도로 말미암아 이루어졌다는 사실을 받아들이고 또한 그분을 받아들일 때, 비로소 나는 거룩하게 된다. 그리고 하나님의 뜻이 나로 말미암아 이루어지리라는 사실을 받아들일 때, 나는 거룩하게 된다. 나는 그리스도 안에 있다. 그러므로 나는 순종의 모든 행위를 통해, 그리스도와 생생한 교제를 나누고 그리스도의 생명의 능력을 내 속으로 끌어들인다. 순종은 하나님의 음성을 듣는 데 있다. 하나님의 뜻을 다 알고 있다고 생각해서는 안 된다. 오직 성령의 내면적인 가르침을 구하고 기다려라.

– 앤드류 머레이, 『거룩, 이제는 거룩한 그리스도인으로』

❻ 죄의 종에서 해방되었다는 것은 무엇이든 자유롭게 할 수 있다는 방종이 아닙니다. 그리스도인은 자신의 몸을 무엇을 이루는 데 사용해야 합니까?(19절)

* 의(19절): 창조주 하나님과 바른 관계로 인도하는 선한 목적을 말한다.

❼ 죄를 주인으로 섬기는 '죄의 종'은 최종적으로 어떤 삯을 받게 됩니까?(20-21절)

❽ 하나님을 주인으로 섬기는 '순종의 종'은 어떤 열매를 얻고 마지막에 어떤 삯을 받게 됩니까?(22-23절)

더 깊은 연구와 묵상을 위하여

❶ 그리스도인의 자유는 오직 창조자이며 구원자이신 하나님과의 관계 속에서만 누릴 수 있습니다. 그리스도인은 어떤 자유를 누릴 수 있는지, 요한복음 8:31-36을 읽고 정리해 보십시오.

❷ 여러분이 영생을 얻을 수 있는 유일한 방법은 무엇입니까?

적용을 위한 글

그리스도인이 되어 새로운 하나님의 사람으로 산다는 것은 주인을 바꾸는 일이다. 즉, 단순히 새로운 종교를 갖는 것 그 이상이다. 죄라는 폭군은 인간들에게 욕심을 따라 살라고 명령한다. 술에 취하고, 성욕을 만족시키라고 한다. 다른 사람의 재산을 빼앗으라고 하고, 더 많은 사람을 지배하며 죽이라고 한다. 수단과 방법을 가리지 말고 사업을 확장시키라고 한다. 하지만 예수 그리스도라는 주인을 섬기면, 이전에 섬기던 죄의 명령을 거부한다. 그리스도인은 새로운 종살이를 한다. 새로운 종살이가 쉬운 것은 아니다. 하나님 나라를 위해 일하고, 그분의 창조 목적을 성취하기 위해 부단히 애를 쓴다. 하지만 그 종살이는 진정한 자유를 주고, 결국 영생이라는 삯을 줄 것이다.

적용 및 결단을 위한 질문

❶ 여러분은 예수님을 믿고 순종의 종이 되었다는 것을 어떻게 행동으로 증명합니까?

❷ 여러분은 새로운 종살이를 기쁨으로 감당하고 있습니까?

15 율법과 죄

본문 로마서 7:1-13

외울말씀 그런즉 우리가 무슨 말을 하리요 율법이 죄냐 그럴 수 없느니라 율법으로 말미암지 않고는 내가 죄를 알지 못하였으니 곧 율법이 탐내지 말라 하지 아니하였더라면 내가 탐심을 알지 못하였으리라 (7절)

도입을 위한 글

정욕은 값비싼 대가를 요구하는 죄악이다. 어떻게 이 정욕에서 벗어날 수 있을까? 첫째, 회개하는 것이다. 어거스틴의 『참회록』에 보면, 그가 마니교라는 이단에 빠진 적이 있었다. 그는 방탕한 생활을 하다가 "하나님, 저를 이 정욕에서 건져주세요" 하고 회개했다. 그런데 그 기도를 하면서 자기 마음속에서 또 다른 기도를 보았다고 한다. "그러나 아직은 건져주지 마소서." 회개는 지금 당장 해야 한다. 둘째, 마땅히 사랑해야 할 사람들을 사랑하라. 하나님이 내게 주신 남편과 아내를 사랑하라. 그 남편과 아내 속에 하나님이 주신 그를 사랑하라. 그러면 거기에서 넉넉한 인격적인 사랑, 진정으로 따뜻한 사랑을 느끼게 될 것이다. 셋째, 이제부터 거룩한 일에 바빠지라. 마귀에게 틈을 주면 안 된다. 다윗은 기회를 주고 있었다. 기독교 철학자 키에르케고르는 매춘의 유혹을 받은 적이 있었는데, 그로 인해 무척 괴로워했다. 그러나 드디어 그가 대답을 발견했고, 일지에 이렇게 기록했다. "마음의 깨끗함, 진정한 마음의 깨끗함은 오직 한 가지 목적에 몰두하는 데 있다. 신적인 목적, 하나님의 목적 앞에 몰두할 때 나는 내 마음이 깨끗해짐을 느낀다.”

– 이동원, 『회개행전』

도입을 위한 질문

❶ 여러분은 자신을 정욕에 빠지게 하는 무질서와 혼돈의 세력이 있다고 믿습니까?

❷ 여러분이 주로 자극을 받는 육신의 정욕은 무엇입니까?

본문 질문

❶ 바울은 율법을 아는 유대인을 대상으로 율법에 대해 말했습니다(1절). 바울은 율법과 계명에 대해 긍정적입니까, 아니면 부정적입니까?(12절)

❷ 그리스도인은 그리스도와 함께 죽음으로 율법이라는 옛 남편으로부터 자유로워졌습니다. 이제 그리스도인은 새 남편인 누구에게로 가서 무엇을 할 수 있습니까?(4절)

❸ 율법 자체는 선합니다. 하지만 율법은 우리 몸에서 죄의 정욕을 억제시킬 힘이 없습니다. 결국 육신(아담)에 속한 인간들은 어떤 열매를 맺습니까?(5절)

❹ 율법에서 벗어난 그리스도인은 새로운 능력으로 하나님을 섬깁니다. 그 능력은 무엇입니까?(6절)

* 영의 새로운 것(6절): 성령의 능력을 말한다. 율법 조문의 묵은 것은 율법을 말한다.

❺ 다음 글을 읽고 그리스도인의 새로운 능력인 성령에 대해 정리해 보십시오.

여러 해 전, 어떤 사람이 미국에 와서 큰 인기를 얻으며 많은 추종자를 끌어 모았다. 그 방법은 가정에서 만든 '로자리오 묵주'(rosary)였다. "매일 아침 이 작은 줄을 어루만지며 '나는 날마다 더 좋아지고 있다'라고 중얼거리면 만사가 형통할 것이다"라는 그의 황당한 주장에 그토록 많은 사람이 놀아났던 것이다. 기독교는 이런 황당한 이야기를 하지 않는다. 예수님이 우리에게 약속하신 권능은 다른 세계로부터 찾아오는 능력이요, 우리의 동의에 따라 우리의 삶 속으로 들어오는 능력이며, 삶의 뿌리까지 찾아와 우리를 그리스도의 형상으로 변화시키는 능력이다. 이것은 미신이 아니다. 나는 하나님의 모든 자녀가 성령에 대해 제대로 알았으면 좋겠다. 일부 성도들은 성령을 오해한다. 그분에게는 비정상적이거나 무시무시한 것이 없다. 그분은 예수 그리스도의 영(靈)이시다. 그렇기 때문에 그분은 예수님 같은 분이시다. 예수님이 그토록 온유하고 겸손하실 수 있었던 것은 그분이 성령의 능력으로 충만하셨기 때문이다. 그러나 안타깝게도, 오늘날 하나님의 영은 홀대를 당하신다. 심지어 성령의 능력을 믿고 의지하는 사람들조차 광신자라 손가락질을 받을까봐 성령의 능력을 제대로 전하지 못한다. 이 모든 것은 사람들이 성령을 두려워하여 피하게 하려는 마귀의 속임수로 인한 현상이다.

– A. W. 토저, 『세상과 충돌하라』

❻ 율법은 죄만 드러나게 함으로 악한 것이 아니지만, 죄는 악합니다. 이는 죄가 기회를 틈타 아담에게 속한 사람들 속에서 무엇을 만들어내기 때문입니까?(8, 11절)

* 7절부터 등장하는 '나'는 바울 자신이 아니다. 고대에서는 일반적인 것을 지칭할 때 1인칭 단수를 사용했다. 본문에서는 아담과 아담에게 속한 사람들을 말하고, 이스라엘도 포함된다.

❼ 죄란 인간을 지배하는 무질서와 혼돈의 세력입니다. 죄는 어떤 계기로 세상 속으로 들어왔습니까?(9절)

– (   )이 이르매 죄는 살아나고

❽ 죄 때문에 생명에 이르게 할 율법이 오히려 무엇이 되었습니까?(10절)

더 깊은 연구와 묵상을 위하여

❶ 무질서와 혼돈의 세력인 죄는 율법으로 사람을 사망에 이르게 합니다. 하나님의 율법을 받았지만 죄를 지은 아담과 이스라엘을 묵상해 보십시오.

❷ 그리스도인에게 있는 새로운 능력인 "영의 새로운 것"(6절)은 구체적으로 무엇입니까?

적용을 위한 글

7장의 중심주제는 율법과 사람이다. 율법은 원래 거룩하고 의로우며 선하다. 하지만 율법이 생겼을 때 죄가 기회를 틈타 율법을 악용했다. 무질서와 혼돈의 세력은 율법을 통해 사람을 정죄했다. 그리고 사람의 육체의 욕심을 자극해서 사망의 열매를 맺게 했다. 죄의 세력은 지금도 실재하며 강력하고 기만적이며 치명적이다. 죄의 세력을 우습게 여겨서는 안 된다. 하지만 새로운 남편, 예수 그리스도에게로 간 그리스도인들은 다르다. 그리스도인에게는 성령이 함께하신다. 성령은 죄의 세력을 억제할 수 있는 유일한 분이다. 성령을 의지하고 신뢰할 때만이 그리스도인에게 승리가 보장된다.

적용 및 결단을 위한 질문

❶ 여러분은 하나님이 만드신 세계와 하나님의 형상인 인간을 무질서하고 혼돈스럽게 만드는 죄의 세력을 어떻게 느낍니까?

❷ 여러분은 죄를 이기게 하시는 성령을 날마다 의지하고 신뢰합니까?

16 누가 나를 구출해줄까?

본문 로마서 7:14-25

외울말씀 우리 주 예수 그리스도로 말미암아 하나님께 감사하리로다 그런즉 내 자신이 마음으로는 하나님의 법을 육신으로는 죄의 법을 섬기노라 (25절)

도입을 위한 글

찰스 디킨즈의 이야기를 읽어보면, 주인공 시드니 카트니는 어느 날 거울에 비친 독주에 취한 자신의 얼굴을 보고 이렇게 외치며 괴로워했다. "너는 어리석은 놈이다. 내가 너인 줄을 미처 몰랐다." 결국 그는 주먹으로 거울을 깨뜨렸다. 그는 자신의 인생이 실패했음를 절감했던 것이다. 그 다음부터는 시드니 카트니의 새로운 출발이 묘사되고 있다. 우리에게는 먼저 영적인 영양실조에 걸려 파리해진 우리의 영혼을 똑바로 바라볼 수 있는 용기가 필요하다. 또한 자기 우상화에 급급한 우리 자신의 부끄러운 모습을 보고 자기 혐오와 구토를 느끼는 참된 자기 발견의 시간이 필요하다.

– 김의환, 『월요일의 하나님』

도입을 위한 질문

❶ 여러분은 시드니 카트니와 같은 경험을 한 적이 있습니까?

❷ 여러분은 예수 밖에 있었을 때와 예수 안에 있었을 때 무엇이 달라졌습니까?

본문 질문

❶ 바울은 '나'에 대해 계속 말합니다. '나'는 신령한 율법을 행하고 싶지만 행할 수 없습니다. '나'는 어디에 속하여 무엇에 팔려있는 상태이기 때문입니까?(14–15절)

* 로마서 7장의 '나'는 한 개인이 아니다. '나'는 율법 아래 있는 이스라엘(유대인) 전체를 표현하는 대명사이다.

❷ 율법은 선합니다. 하지만 '나'는 선한 율법과는 정반대로 악을 행합니다. 그 속에 무엇이 거하기 때문입니까?(16–20절)

* 거한다(17, 20절): 아예 눌러앉아 산다는 의미이다. 죄가 나를 지속적으로 지배하고 통제한다는 뜻이다.

❸ 바울은 선(율법)을 행하기 원하는 '나'에게 무엇이 함께 있다고 합니까?(21절)

* 한 법(21절): 헬라어 원문에는 정관사가 붙어있다. 이는 바울이 7장에서 계속 언급했던 율법을 지칭한다.
* 악(21절): 의인화된 죄의 세력을 말한다.

❹ 양심으로는 하나님의 법인 율법을 즐거워합니다. 하지만 내 마음의 법에 도전하는 또 다른 법이 있습니다. 그 법은 무엇입니까?(22-23절)

* 속사람(22절): 율법을 가진 이스라엘(유대인)의 양심이나 내적인 인격을 말한다.

❺ 다음 글을 읽고 진정한 신앙의 몸부림은 어떤 질문으로부터 시작되는지에 대해 정리해 보십시오.

찰스 코우만 여사는 나비를 연구하는 학자이다. 그는 많은 연구 중에서도 애벌레가 나비가 되는 과정만을 1년이나 연구했다. 큰 애벌레가 작은 구멍을 뚫고, 그 구멍으로 나오기 위해 몸부림을 치고 있었다. 코우만 여사는 애벌레의 몸부림이 안타까워서 가위로 애벌레 집을 잘라주고는 흐뭇해했다. 그러나 나비는 코우만의 행위로 신세를 망쳤다. 화려한 날개짓을 기대했지만 날지도 못하고 기어다니는 신세가 된 것이다. 코우만 여사는 작은 구멍을 뚫고 나오려는 몸부림이 날개에 힘을 주고 화려한 날개를 펴게 한다는 것을 미처 몰랐다. 애벌레가 나비가 되고자 하는 몸부림은 거듭나기 위한 신앙인의 몸부림과 같다. 신앙을 위한 몸부림, 주님을 향한 몸부림을 쳐 본 일이 있는가? "오호라 나는 곤고한 사람이로다 이 사망의 몸에서 누가 나를 건져내랴"(롬 7:24). 예수님을 만나면 행복해지고, 섬기고 나누면 풍성해진다.

❻ 하나님의 법을 즐거워하면서 그것을 지키지 못하는 비참한 '나'는 자신을 누구라고 표현합니까?(24절)

* 곤고한(24절): 완전히 파산한 비참한 상태를 말한다.

❼ 인간의 비참한 상태에서 누가 구출해준다고 했습니까?(25절)

❽ 율법은 영적이며 선한 하나님의 법입니다. 이스라엘도 이 율법을 지키고 싶어했지만 무엇을 섬길 수밖에 없었습니까?(25절)

더 깊은 연구와 묵상을 위하여

❶ 구약성경의 에스겔 선지자도 죄의 지배와 통제를 받는 인간 실존의 한계와 좌절을 표현한 적이 있습니다. 에스겔 36:26의 "굳은 마음"과 본문을 연결하여 연구해 보십시오.

❷ 22절의 속사람과 에베소서 3:16의 속사람은 문맥상 다른 뜻입니다. 본문에 나오는 속사람이 율법을 가진 유대인의 내면적 인격이라면, 에베소서 3:16의 속사람은 무엇을 가리킵니까?

적용을 위한 글

대부분의 설교자들은 로마서 7장에 등장하는 '나'를 회심한 바울로 생각한다. 그리고 7장의 내적 갈등을 그리스도인이 겪을 수밖에 없는 갈등이라고 말하며 성도들에게 안도감을 주고 위로하려 한다. 하지만 그것은 7장의 '나'를 완전히 오해한 것이다. 7장의 '나'는 율법을 소유한 이스라엘 내지 유대인들을 말한다. 여기에는 토라를 삶의 방식과 호흡으로 삼으려 했던 청년 바울도 포함된다. 7장의 '나'는 율법을 소유하고 율법을 지키길 원하지만, 지킬 수 없는 비참하고 가련한 존재이다. "누가 나를 구출해 내겠습니까?"라고 부르짖는 그리스도 밖의 인간인 것이다.

적용 및 결단을 위한 질문

❶ 여러분은 아직도 본문의 '나'처럼 스스로의 힘과 노력으로 죄의 영향력에서 벗어나려고 애쓰고 있지는 않습니까?

❷ 여러분은 오호라 나는 곤고한 사람이라고 부르짖습니까, 아니면 예수 그리스도로 말미암아 하나님께 감사합니까? 여러분의 부르짖음은 탄식입니까, 아니면 감사입니까?

17 성령을 따르는 자

본문 로마서 8:1-11

외울말씀 예수를 죽은 자 가운데서 살리신 이의 영이 너희 안에 거하시면 그리스도 예수를 죽은 자 가운데서 살리신 이가 너희 안에 거하시는 그의 영으로 말미암아 너희 죽을 몸도 살리시리라 (11절)

도입을 위한 글

몇 년 전, 교회에 도둑이 든 적이 있었다. 도둑이 든 다음 날 아침 교회에 도착했을 때, 나는 이상한 낌새를 느꼈다. 교회 입구 쪽 문이 뜯겨 나갔고, 사무실 문은 쇠 지렛대로 세게 내리친 듯한 흔적이 남아있었다. 뜯겨 나간 문짝이며 흙 발자국이 그대로 남아있었지만 그것만으로는 범인이 누구인지 알아낼 수 없었다. 실제로 경찰이 도둑을 잡은 결정적 단서는 맨눈으로는 결코 찾을 수 없는 것이었다. 바로 도둑의 지문이었다. 이런 수사의 경험을 통해 성령이 우리 삶에 어떻게 흔적을 남기시는지 엿볼 수 있다. 요란하게 흔적을 남기셔서 깊이 파인 하나님의 발자국으로 그분이 역사하셨음을 알 수 있지만 그 흔적이 미세하다 못해 거의 보이지 않을 때도 있다. 그러나 주의 깊게 살펴보면, 혼자서도 하나님의 역사를 구별할 수 있고 우리의 삶에 묻어있는 하나님의 지문까지도 찾을 수 있다. 하나님의 자녀인 우리에게도 하나님의 지문이 묻어있다. 하나님의 영은 우리 안에 계셔서 우리가 하나님의 자녀임을 증거하신다. 하나님을 믿는 사람이라면 누구나 그 증거를 찾고, 자신의 신분을 확인할 수 있다. – 제임스 패커 외, 『작은 이야기 속 큰 지혜』

도입을 위한 질문

❶ 여러분은 생활 속에서 하나님의 발자국이나 지문을 발견할 수 있습니까?

❷ 여러분 안에 성령이 계신다는 증거는 무엇입니까?

본문 질문

❶ 예수 그리스도 안에 있는 사람에게는 결코 무엇이 없습니까?(1절)

* 정죄함(1절): 죄의 통치 아래에서 '너는 죄인이다'라고 선고받는 것을 말한다. '의롭다 하심'의 반대 개념이다.

❷ 예수 안에 있는 자에게 정죄함이 없는 첫 번째 이유는, 예수 안에는 어떤 법이 적용되기 때문입니까?(2절)

* 죄와 사망의 법을 무력화(無力化)시키고 압도하는 새 시대의 법, 즉, 그리스도가 새롭게 세우신 하나님 나라의 법이다.

❸ 율법은 영적이며 선하지만, 연약하여서 인간을 도울 수 없습니다. 하지만 하나님은 율법이 할 수 없는 일을 하셨습니다. 하나님은 누구를 어떤 모양으로 보내셨습니까?(3절)

❹ 하나님은 온 세상의 죄의 무게를 예수님의 육신에 전가하셨습니다. 예수님은 죄와 함께 죽었고, 하나님은 죄를 정죄하셨습니다(3절). 육신을 따르던 우리는 이제 누구를 따라 율법의 요구를 이룰 수 있습니까?(4절)

* 영(4절): 성령

❺ 다음 글을 읽고 성령의 법에 따라 하나님의 자녀로 살아가는 것에 대해 정리해 보십시오.

어느 회사에 일을 잘하는 직원이 있었다. 그 직원은 회사의 법(규정)에 따라 열심히 일했다. 그런데 어느 날 회사의 사장이 그 직원을 양자로 삼고 그 회사를 새로운 양자에게 맡겨버렸다. 양자가 된 그 직원은 더 이상 근무시간만 채우는 직원이 아니었다. 그는 하루에 10시간도, 20시간도 일했다. 때로는 출근하지 않고 집에서 사업구상만 했다. 또 완전 휴식을 취하기도 했다. 양자가 된 직원은 사장의 의도나 회사의 비전 등을 잘 알고 있었기 때문에 규정이 없어도 그 규정 이상으로 일했던 것이다. 율법이란 종이 지키는 것이고, 성령의 법은 아들이 지키는 것이다. 종과 아들은 같은 세상에서 살지만, 전혀 다른 법체제 안에서 살아가는 것이다.

❻ 육신을 따르는 자, 즉 죄의 지배와 통치를 받는 자는 육신의 생각을 할 수밖에 없습니다. 육신에 있는 자들은 하나님과 어떤 관계 속에서 살아갑니까?(5–8절)

* 육신은 인간의 물질적 육체를 말하는 것이 아니다. 아담의 인간성을 가지고 죄의 지배와 통치 아래 살아감을 뜻한다.

❼ 영을 따르는 자들에게는 생명과 평안이 있습니다. 그 속에 누가 계시기 때문입니까?(9–10절)

❽ 성령은 창조의 영이며 부활의 영입니다. 주님께서 다시 오실 때 성령은 우리 죽을 몸을 어떻게 해주시겠다고 약속하셨습니까?(11절)

* 몸의 부활은 그리스도인의 궁극적인 소망이다.

더 깊은 연구와 묵상을 위하여

❶ 성령을 따라 행동하는 그리스도인은 율법의 요구를 이룰 수 있습니까? 4절을 더 깊이 연구해 보십시오.

❷ 본문에 나타난 성령의 이름에 대해 정리해 보십시오.

적용을 위한 글

율법은 선한 것이며, 또한 영적인 하나님의 법이다. 하지만 인간은 죄의 지배와 통제를 받기 때문에 율법을 지킬 수 없는 곤고한 존재이다. 그러나 이제는 죄와 사망의 법에서 해방될 수 있는 길이 열렸다. 인간이 할 수 없는 그 일을 하나님께서 하셨다. 아들과 성령을 보내셔서 인간을 해방시키고 도우신다. 아들을 통해 해방시키고, 성령을 통해 생명과 평강을 얻게 하신다. 성령을 따르는 삶을 통해 율법의 요구도 이루게 하신다. 무에서 유를 창조하신 성령의 능력으로, 죽은 예수를 다시 살리신 성령의 능력으로 생명의 역사를 이루게 하신다.

적용 및 결단을 위한 질문

❶ 죽은 자를 일으키시는 성령이 거하는 자에게는 극복하지 못할 어려움이 없습니다. 여러분은 성령의 능력을 체험하며 살아가고 있습니까?

❷ 여러분을 지배하고 있는 법은 어떤 법입니까? 죄와 사망의 법입니까, 아니면 생명의 성령의 법입니까?

18 우리 몸의 속량

본문 로마서 8:12-25

외울말씀 그뿐 아니라 또한 우리 곧 성령의 처음 익은 열매를 받은 우리까지도 속으로 탄식하여 양자 될 것 곧 우리 몸의 속량을 기다리느니라 (23절)

도입을 위한 글

김칫독이 죽어야만 쌀독으로 거듭날 수 있다. 어린 아이가 죽지 않으면 성인이 될 수 없다. 처녀 총각이 죽어야만 이상적인 남편과 아내로 거듭날 수 있다. 자기 부인, 즉 자기 죽음을 거치지 않고서는 진정한 그리스도인으로 거듭날 수 없다. 이처럼 모든 새로운 삶은 죽음으로부터 시작된다. 중요한 것은, 100퍼센트의 죽음만을 죽음이라 한다는 것이다. 1퍼센트만 살아있어도 죽은 것이 아니기에, 99퍼센트가 죽는다 해도 새로운 삶이 불가능하다. 그러므로 완벽하게 새로워지려면 먼저 100퍼센트 죽는 것이 중요하다. 죽어야 살기 때문이다.

– 이재철, 『사도행전 속으로』

도입을 위한 질문

❶ 여러분은 자기 죽음을 거친 그리스도인입니까?

❷ 여러분이 100퍼센트 죽지 못하도록 하는 남겨진 1퍼센트는 무엇입니까?

본문 질문

❶ 그리스도인은 육신(죄의 세력)에 빚진 자가 아닙니다. 육신대로 살면 반드시 죽습니다. 반대로 영으로써 무엇을 죽이면 살 수 있습니까?(12–13절)

* 영으로써(13절): 성령으로써

❷ 그리스도인은 하나님을 아빠 아버지라고 부르는 하나님의 자녀입니다. 그리스도인은 누구의 인도함을 받고 누구의 영과 더불어 살아갑니까?(14–16절)

* 하나님의 영(14절), 양자의 영(15절), 성령(16절) 등 성령을 가리키는 다양한 호칭에 주목하며 보길 바란다.

❸ 양자의 영을 받고 하나님의 자녀가 되면 어떤 특권을 누립니까?(17–18절)

❹ 하나님의 상속자가 되는 영광은 미래에 받는 것입니다. 그리스도인은 영광을 받기 위하여 현재의 무엇을 함께 받아야 합니까?(17–18절)

❺ 다음 글을 읽고 현재의 고난과 미래의 영광 사이의 상관관계에 대해 정리해 보십시오.

> 크리스마스가 오면 제일 즐거운 일 중의 하나가 붉은 색의 포인세티아를 바라보는 일이다. 이 얼마나 아름다운가? 포인세티아가 재배되는 곳은 아주 춥고 캄캄하며 어두운 곳이다. 조그만 빛도 보이지 않고, 심지어 입구의 불조차도 차단시켜야 아름다운 포인세티아가 재배된다. 이처럼 일체의 빛을 차단해버린 아주 어두운 곳에서 포인세티아라는 아름다운 꽃이 만들어진다. 나는 크리스마스의 상징인 포인세티아야말로 바로 예수 그리스도의 생애의 상징이라고 생각한다. 예수 그리스도의 생애는 처음부터 고난이었다. 그분의 생애는 태어날 때부터 마지막 순간까지 고난이었다. 그러나 아무도 십자가를 추하다고 생각하지 않는다. 치욕의 십자가를 가장 아름다운 매력의 십자가로 바꾼 예수 그리스도의 삶을 보라. 고통스럽고 아픈 것은 사실이다. 그러나 그분은 십자가가 인류의 구원이고 소망이며 축복임을 아셨기에, 기쁨으로 그 십자가를 지셨다. 그래서 그 십자가는 아름다움이요, 영광이다. 그렇다면 그리스도를 따라가는 제자들인 여러분의 삶은 어떠한가?
>
> – 이동원, 『지금은 다르게 살 때입니다』

❻ 하나님의 깊은 뜻 가운데 피조물도 썩어짐의 종노릇을 합니다. 하지만 피조물도 해방될 것입니다. 피조물이 탄식하면서 고대하고 바라는 것은 무엇입니까?(19–22절)

❼ 그리스도인도 탄식하며 양자되는 날을 기다립니다. 그날에는 무엇이 속량됩니까?(23절)

* 속량(23절): 노예가 빚을 탕감 받고 자유가 되는 것을 말한다.

❽ 그리스도인은 소망으로 구원을 얻었지만 구원이 완성된 것은 아닙니다. 몸까지 속량되는 그날을 어떤 자세로 기다려야 합니까?(24-25절)

더 깊은 연구와 묵상을 위하여

❶ 본문에서는 피조물과 그리스도인이 고대하고 바라보는 날이 등장합니다. 예수님이 다시 오시는 날에 일어나게 될 일을 정리해 보십시오.

❷ 우리는 아직 몸의 속량을 받지 못한 자들입니다. 몸의 속량을 받지 못함으로 일어나는 문제는 무엇입니까?

적용을 위한 글

그리스도인은 성령과 함께 살아가는 자들이다. 성령의 인도하심을 받으며 몸의 행실을 죽이고 살아간다. 하지만 때로는 아직 속량받지 못한 몸 때문에 문제가 발생한다. 몸의 문제로 혼돈과 무질서를 경험하며 탄식한다. 이것은 피조물도 마찬가지다. 죄, 혼돈 그리고 무질서의 세력이 피조물과 그리스도인을 어지럽게 한다. 그래서 피조물과 그리스도인은 해방의 날을 손꼽아 기다린다. 그날이 오면 피조물은 썩어짐의 종노릇에서 해방되고 그리스도인은 남아있는 몸의 문제를 해결 받는다. 부활의 몸을 상속받아 하나님의 완전한 양자가 된다. 그날은 정말로 기쁘고 좋은 날이다.

적용 및 결단을 위한 질문

❶ 여러분은 하나님을 아빠 아버지라고 당당하고 친밀하게 부릅니까?

❷ 여러분은 예수님과 함께 영광을 받기 위하여 고난도 즐겁게 받습니까?

19 끊을 수 없는 하나님의 사랑

| 본문 로마서 8:26-39

| 외울말씀 높음이나 깊음이나 다른 어떤 피조물이라도 우리를 우리 주 그리스도 예수 안에 있는 하나님의 사랑에서 끊을 수 없으리라 (39절)

도입을 위한 글

독일의 아우슈비치 수용소는 수많은 유대인이 학살당한 곳이다. 그 참혹한 수용소에서 유대인들은 눈물을 뿌리며 하나님을 향해 이렇게 외쳤다. "하나님, 지금 어디에 계십니까? 왜 이런 일을 허용하십니까?" 그들의 피맺힌 절규는 연합군이 독일을 물리쳐 수용소를 탈환할 때까지 계속됐다. 연합군은 전쟁이 끝난 뒤 그들이 탈환한 수용소를 점검했다. 연합군 병사 중 한 명이 우연히 한쪽 벽 후미진 곳에 글씨가 써있는 것을 발견했다. 어느 그리스도인의 신앙고백으로 보이는 그 글에는 놀라운 내용이 담겨있었다. "그 크신 하나님의 사랑 말로 다 형용 못하네. 하늘을 두루마리 삼고 바다를 먹물 삼아도 한없는 하나님의 사랑 다 기록할 수 없겠네." 이 지옥 같은 수용소에서 죽음만을 기다리고 있던 한 사람이 하나님의 사랑을 찬양했다니! 그 연합군 병사는 놀라지 않을 수 없었다. 그런데 그 밑에 또 하나의 문장이 눈에 띄었다. "하나님은 지금 여기에 계십니다."

– 이동원, 『짧은 이야기 긴 감동』

도입을 위한 질문

❶ 여러분은 하나님의 사랑의 크기가 얼마나 된다고 생각합니까?

❷ 여러분은 어떠한 때에 하나님의 사랑을 의심합니까?

본문 질문

❶ 성령은 성도들의 연약함을 어떻게 도우십니까?(26-27절)

❷ 성도들은 이 땅에서 다양한 삶의 고통과 역경을 겪게 됩니다. 하지만 이 모든 것은 결국 어떻게 됩니까?(28절)

* 선(good, 28절): 만사형통(물질, 건강, 안락함)이 아닌, 종말적인 구원과 영광을 말한다.

❸ 우발적으로 하나님의 자녀가 된 사람은 없습니다. 하나님께서 성도를 미리 정하신 목적은 무엇입니까?(29절)

* 그 아들, 맏아들(29절): 부활의 첫 열매가 되신 예수 그리스도를 말한다.

– 그 아들의 (   )을 본받게 하기 위하여

– 많은 형제 중에서 (   )이 되게 하려 하심이니라

❹ 성도들을 도우시는 성령의 사역은 확실하고 완벽합니다. 성령께서 미리 정하신 성도들에게 하시는 세 가지 사역은 무엇입니까?(30절)

❺ 다음 글을 읽고 형언할 수 없는 하나님의 사랑에 대해서 정리해 보십시오.

하나님의 사랑에 대해 설명한다는 것은, 세계를 일주한 사람이 모든 나라에서 체험한 일을 5분 만에 설명하는 것과 같다. 즉, 불가능하다는 말이다. 하나님의 사랑은 너무나 커서 19세기 찰스 스펄전이나 4세기 황금의 입이라 불리는 요한 크리소스톰과 같은 설교의 대가들이 나서서 온갖 문학적 수사를 동원해도 제대로 설명할 수 없다. 14세기 영국 놀위치의 줄리안은 하나님의 사랑에 대해 이렇게 설명했다. "지극히 높으신 하나님은 우리의 영혼을 매우 사랑하신다. 그 사랑은 모든 피조물의 이해를 초월할 정도로 특별하다. 창조주가 우리를 얼마나 많이, 그리고 감미롭고 부드럽게 사랑하시는지 완전히 이해할 수 있는 피조물은 없다." 우리를 향한 하나님의 사랑은 매우 크기에 스랍들, 그룹들, 천사장, 정사와 권세, 우주의 모든 존재가 나선다고 해도 깨달을 수 없다. 하나님의 사랑을 확실히 배운 사람에게 세상이 어떻게 하겠는가? 대양에서 헤엄치는 물고기처럼 하나님 사랑의 바다에서 헤엄치는 사람에게 세상이 무엇을 할 수 있겠는가? 이런 사람에게 마귀가, 죄가 어떻게 하겠는가? 오, 하나님의 사랑! 우리가 그 엄청난 사랑을 얼마나 알겠는가? 그 사랑을 안다고 해도 그것에 근거해 얼마나 행동하겠는가? 하나님이여, 우리를 도우소서!

– A. W. 토저, 『GOD』

❻ 그리스도인은 세상에서 여러 고난(대적, 고발, 정죄, 끊음)에 처합니다. 하지만 그리스도인은 파멸 당할 수 없습니다. 그 이유는 무엇입니까?(31-35절)

* "누가"로 시작되는 4개의 의문문에 주목한다.

❼ 그리스도인은 도살당할 양처럼 취급받을 수는 있습니다. 하지만 결국 그리스도인은 어떻게 될 것이기 때문입니까?(36-37절)

* 36절은 시편 44:22을 인용했다.

❽ 바울은 이 세상에 존재하는 그 어떤 것도 우리를 무엇에서 끊을 수 없다고 말합니까?(38-39절)

더 깊은 연구와 묵상을 위하여

❶ 자신의 독생자를 아낌없이 내어주신 최고의 후원자 하나님 앞에서 무엇을 먹을까, 무엇을 입을까를 고민하는 것은 옳은 일입니까?

❷ 하나님의 사랑을 신뢰하지 못하게 하는 목록(35, 38-39절)을 정리하고 적용하며 묵상해 보십시오.

적용을 위한 글

하나님께서는 인간을 너무나 사랑한 나머지 그분의 아들을 아낌없이 내어주셨고 성령도 보내주셨다. 아들과 성령은 성도들을 도우신다. 예수님께서 이 땅에 다시오시기 전까지 죄의 세력들이 성도를 끊임없이 괴롭힐 것이다. 하지만 성도에게는 하나님의 끊을 수 없는 사랑이 있다. 주님을 끝까지 신뢰하고 붙들면 안전하다. 성령의 인도하심에 따라 살아가려면 여러 가지 고난이 따르지만, 결국 우리는 그 고난을 이기고 승리할 것이다. 하나님의 사랑이 있기에….

적용 및 결단을 위한 질문

❶ 여러분은 자신의 부족함과 연약함에 절망하지 않고 하나님의 도우심을 구하며 날마다 일어섭니까?

❷ 여러분이 보기에는 최악이라고 여겨지는 일들조차도 하나님께서는 선으로 인도하실 것을 신뢰합니까?

인도자를 위한 지침

01 하나님의 복음

고대의 편지에는 발신인과 수신인의 이름이 나오고 전형적인 인사말이 들어갔습니다. 로마서는 바울의 다른 서신에 비해 분량이 많습니다. 바울이 이를 통해 로마 교회의 성도들에게 강조하고 싶은 것은 바로 '복음'이었습니다. 바울은 복음을 전하는 사도이며 복음은 하나님의 아들이신 주 예수 그리스도에 대한 소식입니다. 참여자들과 함께 복음에 대한 태도와 반응과 열정에 대해 점검해 보십시오.

02 복음에 대한 열정

바울이 복음에 대해 열정을 가질 수밖에 없는 이유는 그가 하나님의 신실하심을 깨달았기 때문입니다. 하나님의 신실하심의 절정은 그의 아들을 통해 나타났습니다. 하나님께서는 구약성경을 통해 약속하신 아들을 보내셔서 고난받게 하시고 부활시키셨습니다. 그리고 그 아들을 믿으면 구원을 받는다고 약속하셨습니다. 복음은 우리의 자랑입니다. 참여자들과 함께 기복적이며 현세적인 신앙이 판을 치는 한국 교회가 진정한 복음을 믿고 있는지에 대해 이야기를 나누어 보십시오.

03 하나님의 진노

인간이 살아가는 환경은 '하나님의 의' 안에 사는 것과 '하나님의 진노' 가운데 사는 것, 둘 중 하나입니다. 본문은 하나님의 진노 가운데 살아가는 불의한 사람들에 대해 설명합니다. 하나님은 하나님을 떠나 자신의 몸과 마음과 생명을 욕되게 하는 불의한 사람을 그냥 내버려 두는 것으로 심판하십니다. 하나님의 구원에서 제외되는 것만큼 무서운 심판은 없습니다. 참여자들과 함께 하나님의 진노 아래

놓인 삶에 대해 이야기를 나누어 보십시오.

04 하나님의 판단과 심판

하나님의 심판은 '현재적 심판'과 '미래적 심판'이 있습니다. 전자는 하나님의 '내버려 두심'을 말합니다. 후자는 '최종적 심판'으로, 예수님이 재림하실 때에 내리시는 것입니다. 로마서 초반부에 이 두 가지 심판이 나란히 소개되어 있습니다. 로마서 1:18-32은 현재적 심판이고, 로마서 2:1-11은 최종적 심판입니다. 두 심판 모두 각 사람이 행한대로 이루어집니다. 하나님은 외모로 사람을 판단하지 않으십니다. 참여자들과 함께 현대판 선민의식(選民意識)에 대해 이야기를 나누어 보십시오.

05 율법과 할례는 면죄부가 아니다

세례를 받고 성경을 먼저 공부하는 것, 주일마다 예배를 드리고 봉사하는 것은 분명 하나님이 주신 은혜와 특권입니다. 하지만 그것이 여러분의 구원을 보장하는 면죄부는 아닙니다. 그리스도인이라고 해서 하나님의 판단을 피해갈 수는 없습니다. 유대인들을 하나님의 심판에서 제외하지 않으셨듯이 모든 그리스도인 역시 하나님의 심판대 앞에 서야 합니다. 때문에 여러분은 마음의 세례를 받아 날마다 하나님의 말씀을 듣고 실천함으로써 마지막 날 주님 앞에 설 준비를 해야 합니다. 참여자들과 함께 진정한 그리스도인의 삶에 대해 이야기를 나누어 보십시오.

06 하나님은 신실하시다

본문은 바울과 상상 속 대화상대자(Imaginary Interlocutor) 간의 질문과 대답 형식으로 구성되어 있습니다. 본문을 공부할 때, 누가 질문하는지, 누구를 향한 질문인지를 살펴보면 쉽게 이해할 수 있습니다. '할례'와 '율법'만 믿고 자신들은 하나님의 심판에서 면죄되었다고 생각하는 유대인들과 율법을 범해도 그것이 오히려 하나님의 의를 이룬다는 방종주의자들을 향한 바울의 항변에 주목해야 합니다. 참여자들과 함께 바울과 유대인들 간의 논쟁에 대해 이야기를 나누어 보십시오.

07 다 죄 아래 있다

유대인들은 하나님의 선택을 받아 언약 관계를 맺은 유대인과 언약 밖에 있는 이방인, 이렇게 두 종류의 사람만이 존재한다고 생각했습니다. 그들은 율법과 할례를 하나님의 언약의 증표로 여기며 율법도 없고 할례도 받지 않은 이방인들에게는 하나님의 준엄한 심판만이 기다린다고 주장했습니다. 하지만 사도 바울은 이런 유대인의 생각에 반대했습니다. 그는 자신을 포함한 모든 사람들은 죄 아래 있는 인간일 뿐이며 심판의 대상임을 구약성경을 통해 입증했습니다. 참여자들이 이러한 사도 바울의 논리를 잘 이해할 수 있도록 인도하십시오.

08 믿음의 법

사도 바울은 하나님의 의가 나타났다고 선언합니다. 이는 갑작스러운 등장이 아닌, 구약성경에서 오래 전부터 예고된 것이었습니다. 하나님의 의는 바로 예수 그리스도이십니다. 예수님의 신실하심을 통해 나타난 하나님의 의는 죄 아래 있는 인간들을 속량하셨습니다. 예수님은 새로운 속죄소이십니다. 믿음으로 예수님 안에 거하는 모든 자는 하나님의 은혜로 값없이 속량을 받게 되었습니다. 참여자들과 함께 자신이 예수님 안에 거하고 있는지 점검해 보십시오.

09 의롭다 함을 얻는 믿음

본문을 이해하려면 사도 바울과 유대인의 논쟁의 핵심을 파악해야 합니다. 당시 유대인들의 주장의 핵심은, 아브라함은 '율법의 행위'로 하나님의 의롭다 하심을 받았다는 것입니다. 하지만 사도 바울은 아브라함이 하나님의 은혜와 믿음으로 의롭다 하심을 받았다고 말했습니다. 사도 바울은 창세기와 시편을 인용하면서 아주 논리적으로 유대인들의 오류를 바로잡았습니다. 그의 논리를 잘 따라가야만 본문의 흐름을 놓치지 않습니다. 참여자들이 논쟁의 핵심을 잘 파악한 후, 현재 자신이 믿음의 자취를 제대로 따라가고 있는지 점검해 보도록 인도하십시오.

10 믿음의 원형

하나님은 아브라함을 믿음의 원형으로 보여주셨습니다. 아브라함은 죽은 자도 다시 살리시는 창조자 하나님을 믿었습니다. 이 믿음이 아브라함을 하나님의 가족으로 만들었습니다. 지금도 하나님은 패역한 세대 속에서 아브라함의 믿음에 속한 자를 찾으십니다. 예수님을 죽은 자 가운데서 다시 살리신 하나님의 능력을 신뢰하며 나아오는 자들을 모두 속량하십니다. 참여자들이 스스로 아브라함의 믿음을 소유하고 있는지 점검해 보도록 인도하십시오.

11 화평을 누리자

바울은 1-4장까지 의롭다 함을 받는 방법에 대해 논증했습니다. 뒤이어 바울은

5장에서 의롭다 함을 받은 그리스도인들이 어떤 열매를 누리게 되는지에 대해 설명합니다. 그리스도인들은 현재와 미래에 엄청난 복을 누립니다. 현재의 복은 하나님과 화평을 누리는 것이고 미래의 복은 최종 심판에서 구원을 받는 것입니다. 그리스도인은 이 복을 누림으로 현재의 환난을 초월할 수 있습니다. 소망이 환난을 이겨내는 것입니다. 참여자들과 함께 소망으로 현재의 환난을 이겨내는 구체적인 방법에 대해 이야기를 나누어 보십시오.

12 아담과 예수

인류의 두 대표자인 아담과 예수 그리스도가 대비됩니다. 바울은 인류의 대표자 아담을 통해 죄와 사망이 세상에 들어왔음을 간략하게 언급한 후, 새로운 인류의 대표자에 대해 설명합니다. 하나님은 죄와 사망이 왕 노릇 하는 세상을 그대로 버려두지 않으시고 새로운 대표자를 세상에 보내셨습니다. 그분이 바로 예수님입니다. 예수님은 새로운 인류의 대표자로 신실하게 사역을 수행하셨습니다. 참여자들과 함께 예수님이 어떤 삶으로 그 사역을 신실하게 수행하셨는지 깊이 있는 이야기를 나누어 보십시오.

13 그리스도와 연합

그리스도인의 정체성을 확실하게 파악할 수 있는 본문입니다. 그리스도인은 아담에게 속한 옛 사람이 아닙니다. 그리스도인은 새로운 인류의 대표자 예수 그리스도 안으로 들어가 그분과 연합한 새 사람입니다. 그리스도를 통하여 부어주시는 하나님의 은혜를 삶의 모든 현장에 적용하는 사람입니다. 그리스도인은 새 생명으로 살아갈 수 있습니다. 참여자들과 함께 그리스도인의 정체성에 대해 다시 한 번 점검하는 시간을 가지십시오.

14 새로운 종살이

그리스도인은 주인을 바꾼 사람입니다. 전에는 죄라는 주인을 섬기기에 바빴습니다. 죄는 욕심을 따라 행동하라고 지시하고 죄의 종은 열심히 욕심을 따라 행동합니다. 하지만 이제는 예수 그리스도를 주인으로 섬기고 예수 그리스도의 복음에 헌신합니다. 그리스도인은 창조주 하나님의 마음을 품고, 세상을 질서 있고 평화롭게 만듭니다. 하나님 나라의 일에 몸과 마음을 드립니다. 이것이 그리스도인이 되었다는 증거요, 증표입니다. 참여자들과 함께 우리들에게 그리스도인의 증거가 나타나는지 점검해 보십시오.

15 율법과 죄

바울은 7장에서 율법에 대해 유대인들에게 구체적으로 설명합니다. 로마 교회에는 유대 그리스도인들이 많았기 때문입니다. 유대인들은 율법에 대해 특별한 소망을 품었습니다. 율법이 곧 생명이라고 생각했습니다. 하지만 바울은 율법이 생명 자체는 아니라고 했습니다. 물론 율법은 하나님이 주신 말씀으로, 거룩하고 의로우며 선합니다. 하지만 율법이 사람에게 생명 자체를 줄 수는 없습니다. 율법은 죄를 깨닫게 해줄 뿐입니다. 죄를 이기고 생명을 주실 분은 오직 성령뿐입니다. 참여자들과 함께 성령의 능력에 대해 구체적으로 이야기를 나누어 보십시오.

16 누가 나를 구출해줄까?

7장 후반부에 나오는 '나'를 누구로 생각하느냐에 따라서 본문 해석이 극과 극입니다. 본문의 '나'는 그리스도 밖에서 율법만을 가지고 있는 이스라엘 또는 유대인들을 말합니다. 율법은 영적이고 선한 하나님의 법이지만 율법을 가지고 있는 것만으로는 안 됩니다. 하나님이 보내주신 예수 그리스도와 성령이 있어야 율법을 지켜낼 수 있습니다. 율법만으로는 할 수 없습니다. 아들과 영으로 완성되는 구원의 역사라는 큰 관점에서 본문을 연구하도록 참여자들을 이끄십시오. 개인에게만 집중해서 본문을 바라보면 큰 낭패를 당할 수 있습니다.

17 성령을 따르는 자

8장에서는 7장의 절망적인 분위기가 반전됩니다. 7장에서는 죄와 사망의 법 안에서 죄 때문에 율법의 요구를 이룰 수 없는 곤고한 인간의 모습을 그렸습니다. 하지만 8장은 인간이 할 수 없는 큰 일을 이루신 하나님을 그립니다. 하나님은 아들과 성령을 이 땅에 보내주심으로 죄와 사망의 법에서 인간을 해방시켜 새로운 나라로 인도하셨습니다. 생명이 지배하고 성령이 지배하는 나라에 사는 사람들은 생명과 평강을 누립니다. 그리고 궁극적으로 완전한 부활로 나아갈 것입니다. 참여자들과 함께 그리스도인의 정체성에 대해 점검해 보십시오.

18 우리 몸의 속량

생명의 성령의 법 아래 살아가는 그리스도인은 엄청난 특권들을 누리며 살아갑니다. 우선 양자의 영을 받아 하나님을 아빠 아버지라 부를 수 있습니다. 친밀하고 당당하게 하나님과 함께 살아갈 수 있습니다. 또한 하나님의 양자가 되어 장차 하나님의 나라를 상속받을 수 있습니다. 장차 그리스도인들이 누리게 될 영광은 상상을 초월합니다. 하지만 한 가지 더 생각해야 할 것은, 고난입니다. 아직 그리스도인의 몸은 속량되지 않았습니다. 몸의 문제로 인해 고난이 불가피합니다. 따라서 우리는 성령의 도우심을 받아 몸의 문제를 해결해야 합니다. 참여자들과 함께 그리스도인이 감당해야 할 영적 전투에 대해 토론해 보십시오.

19 끊을 수 없는 하나님의 사랑

본문에는 성부, 성자, 성령 하나님께서 모두 등장합니다. 자기 아들을 아낌없이 내어주신 성부 하나님, 끊임없이 하나님 우편에서 성도들을 위해 중보하시는 성자 예수님, 그리고 성도 안에서 말할 수 없는 탄식으로 부르짖으시는 성령 하나님. 이 삼위일체 하나님께서 성도들을 인도하십니다. 성도는 하나님을 사랑하는 자이고, 하나님께서는 하나님을 사랑하는 자들을 돌보십니다. 하나님과 성도 간의 사랑은 영원합니다. 참여자들과 함께 신앙생활이 그 사랑 안에서 이루어지고 있는지 점검해 보십시오.

"주를 경외하게 하는 주의 말씀을 주의 종에게 세우소서"(시 119:38)

하나님의 말씀으로 사람을 세우는

프리셉트성경연구원

프리셉트성경연구원(Precept Ministries International)은 미국에 본부를 둔 초교파적인 복음주의 기독교 단체로서, 사람들을 하나님의 말씀으로 무장시키고 삶의 전 영역에서 하나님을 섬기도록 돕는 데 그 비전과 목표를 두고 있습니다.

프리셉트성경연구원은 1년에 약 12주씩 4학기(3월, 6월, 9월, 12월 개강) 동안 매주 월요일 반포성결교회(위정식 목사 시무)에서 귀납적 성경연구 세미나와 강해설교 학교를 진행합니다.

프리셉트성경연구원의 사역은 다음과 같습니다.

1. 하나님의 말씀으로 세운다 _ 귀납적 성경연구 사역
2. 하나님의 사람을 세운다 _ 문서 사역
3. 하나님의 교회를 섬긴다 _ 목회 은사 개발 사역
4. 하나님의 사람을 파송한다 _ 프리셉트 선교 사역

심도 있게 편찬된
구역 및 대학·청년부 BEST G.B.S. 교재

BEST 로마서 I

지은이 | 프리셉트팀(이상훈)

초판 1쇄 | 2013년 9월 30일
개정 1판 1쇄 | 2020년 4월 14일

발행인 | 김경섭
국제총무 | 최복순
총무 | 김상현
기획국장 | 김현욱
서적부 | 양재성, 신충경
편집부 | 고유영(편집실장), 김지혜, 허윤희, 유권지

발행처 | 묵상하는사람들
등록번호 | 20-333
일부총판 | 생명의말씀사 Tel. (02) 3159-7979 Fax. 080-022-8585

주소 | 서울시 동작구 사당로2가길 91(사당동) (우) 07028
전화 | (02) 588-2218 팩스 | (02) 588-2268
홈페이지 | www.precept.or.kr
국민은행 772-21-0310-382(김경섭)

값 5,000원
ISBN 978-89-8475-781-3 04230
978-89-8475-675-5 04230(세트)

독자 여러분의 의견을 기다립니다.
독자 전화 (02) 588-2218 / pmnqt@hanmail.net